RELATOS DE TERROR EN ESPAÑOL

Historias Impactantes de Terror que no te Dejarán Dormir

BLAKE AGUILAR

© **Copyright 2021 – Blake Aguilar - Todos los derechos reservados.**

Este documento está orientado a proporcionar información exacta y confiable con respecto al tema tratado. La publicación se vende con la idea de que el editor no tiene la obligación de prestar servicios oficialmente autorizados o de otro modo calificados. Si es necesario un consejo legal o profesional, se debe consultar con un individuo practicado en la profesión.

- Tomado de una Declaración de Principios que fue aceptada y aprobada por unanimidad por un Comité del Colegio de Abogados de Estados Unidos y un Comité de Editores y Asociaciones.

De ninguna manera es legal reproducir, duplicar o transmitir cualquier parte de este documento en forma electrónica o impresa.

La grabación de esta publicación está estrictamente prohibida y no se permite el almacenamiento de este documento a menos que cuente con el permiso por escrito del editor. Todos los derechos reservados.

La información provista en este documento es considerada veraz y coherente, en el sentido de que cualquier responsabilidad, en términos de falta de atención o de otro tipo, por el uso o abuso de cualquier política, proceso o dirección contenida en el mismo, es responsabilidad absoluta y exclusiva del lector receptor. Bajo ninguna circunstancia se responsabilizará legalmente al editor por cualquier reparación, daño o pérdida monetaria como consecuencia de la información contenida en este documento, ya sea directa o indirectamente.

Los autores respectivos poseen todos los derechos de autor que no pertenecen al editor.

La información contenida en este documento se ofrece únicamente con fines informativos, y es universal como tal. La presentación de la información se realiza sin contrato y sin ningún tipo de garantía endosada.

El uso de marcas comerciales en este documento carece de consentimiento, y la publicación de la marca comercial no tiene ni el permiso ni el respaldo del propietario de la misma.

Todas las marcas comerciales dentro de este libro se usan solo para fines de aclaración y pertenecen a sus propietarios, quienes no están relacionados con este documento.

Índice

Introducción	vii
1. Características de los cuentos de terror y la psicología detrás	1
2. Los misterios del Hampton Court	13
3. La mujer reanimada	25
4. Un misterio antiguo, el castillo Warwick	31
5. El curioso castillo Belcourt	39
6. Un embrujo infantil	45
7. El castillo más embrujado del mundo	49
8. Asua	57
9. Terror en estancias reales	63
10. El fantasma del circuito de Stocksbridge	79
11. La historia embruja; la historia de tres castillos antiguos	89
12. Escritos en las paredes	103
13. Embrujados desde el Medievo	111
14. Dos misterios policíacos	131
15. Casi diseñado para el horro	143
Conclusión	151
Bibliografía	153

Introducción

A través de estas páginas encontrarás historias de fantasmas, muertos vivientes, castillos embrujados, reyes y reinas muertos que no quieren abandonar sus estancias y más; encontrarás cuentos de terror. Pero antes de aventurarnos a las historias, ¿de qué trata este género que ha cautivado la imaginación y al mismo tiempo quitado el sueño a tantos?

El terror es un género de ficción especulativa cuyo objetivo es asustar, atemorizar o disgustar. El historiador literario J. A. Cuddon definió el relato de terror como "una pieza de ficción en prosa de extensión variable... que conmociona, o incluso asusta al lector, o quizás le induce un sentimiento de repulsión o aversión". Crea una atmósfera espeluznante y aterradora.

Introducción

El terror se suele dividir en el subgénero del terror psicológico y del terror sobrenatural. A menudo, la amenaza central de una obra de ficción de terror puede interpretarse como una metáfora de los temores generales de una sociedad. Entre los elementos más frecuentes se encuentran los fantasmas, los demonios, los vampiros, los hombres lobo, los demonios, el diablo, las brujas, los monstruos, los mundos distópicos y apocalípticos, los asesinos en serie, el canibalismo, los psicópatas, las sectas, la magia negra, el satanismo, lo macabro, el gore y la tortura.

El género de terror tiene orígenes antiguos, con raíces en el folclore y las tradiciones religiosas centradas en la muerte, el más allá, el mal, lo demoníaco y el principio de la cosa encarnada en la persona, que se manifestaron en historias de seres como demonios, brujas, vampiros, hombres lobo y fantasmas. La ficción de terror europea se estableció a través de las obras de los antiguos griegos y romanos.

La conocida novela de Mary Shelley de 1818 sobre Frankenstein estuvo muy influenciada por la historia de Hipólito, a quien Asclepio revive de la muerte.

Eurípides escribió obras de teatro basadas en la historia, Hipólito Kalyptomenos e Hipólito.

Introducción

En Las vidas de los nobles griegos y romanos de Plutarco, en el relato de Cimón, el autor describe el espíritu de un asesino, Damón, que fue asesinado en una casa de baños de Queronea.

Plinio el Joven (61 a c. 113) cuenta la historia de Atenodoro Cananitas, que compró una casa encantada en Atenas. Atenodoro fue cauteloso, ya que la casa parecía poco costosa. Mientras escribía un libro de filosofía, recibió la visita de una figura fantasmal atada con cadenas. La figura desapareció en el patio; al día siguiente, los magistrados cavaron en el patio y encontraron una tumba sin marcar. También aparecen elementos del género de terror en los textos bíblicos, sobre todo en el Apocalipsis.

Las historias de hombres lobo eran populares en la literatura francesa medieval. Uno de los doce lais de Marie de France es una historia de hombres lobo titulada "Bisclavret".

La condesa Yolande encargó una historia de hombres lobo titulada "Guillaume de Palerme". Escritores anónimos escribieron dos historias de hombres lobo, "Biclarel" y "Melion".

Gran parte de la ficción de terror deriva de los personajes más crueles del siglo XV.

Introducción

Drácula se remonta al príncipe de Valaquia Vlad III, cuyos supuestos crímenes de guerra se publicaron en panfletos alemanes. Markus Ayrer publicó un panfleto en 1499, que destaca por sus imágenes xilográficas. Las supuestas rachas de asesinatos en serie de Gilles de Rais se han considerado la inspiración de "Barba Azul". El motivo de la vampiresa deriva sobre todo de la noble y asesina de la vida real, Elizabeth Bathory, y contribuyó a la aparición de la ficción de terror en el siglo XVIII, como en el libro de László Turóczi de 1729, Trágica Historia.

Horace Walpole escribió la primera novela gótica, El castillo de Otranto (1764), iniciando un nuevo género literario.

En el siglo XVIII se desarrolló gradualmente el Romanticismo y el género de terror gótico. Se basó en la herencia escrita y material de la Baja Edad Media, y encontró su forma con la seminal y controvertida novela de Horace Walpole de 1764, El castillo de Otranto. De hecho, la primera edición se publicó disfrazada de un verdadero romance medieval italiano, descubierto y reeditado por un traductor ficticio. Una vez revelada como moderna, muchos la consideraron anacrónica, reaccionaria o simplemente de mal gusto, pero su popularidad fue inmediata.

Introducción

Otranto inspiró Vathek (1786) de William Beckford, A Sicilian Romance (1790), The Mysteries of Udolpho (1794) y The Italian (1796) de Ann Radcliffe y The Monk (1797) de Matthew Lewis. Una gran parte de la ficción de terror de esta época estaba escrita por mujeres y se dirigía a un público femenino, siendo el escenario típico de las novelas una mujer con recursos amenazada en un castillo tenebroso.

En el siglo XIX, la tradición gótica se convirtió en el género que los lectores modernos llaman literatura de terror. ¡Obras y personajes influyentes que siguen resonando en la ficción y el cine actuales tuvieron su génesis en "Hänsel und Gretel" (1812) de los hermanos Grimm, "Frankenstein" (1818) de Mary Shelley, "The Vampyre" (1819) de John Polodori, "Melmoth the Wanderer" (1820) de Charles Maturin, "The Legend of Sleepy Hollow" (1820) de Washington Irving, "The Mummy! Or a Tale of the Twenty-Second Century (1827), El jorobado de Notre Dame (1831), de Victor Hugo, Varney el vampiro (1847), de Thomas Peckett Prest, las obras de Edgar Allan Poe, las de Sheridan Le Fanu, El extraño caso del Dr. Jekyll y el Sr. Hyde (1886), de Robert Louis Stevenson, El retrato de Dorian Gray (1890), de Oscar Wilde, y El mundo invisible, de H. G. Wells. G. Wells, El hombre invisible (1897), y Drácula (1897), de Bram Stoker.

Introducción

Cada una de estas obras creó un icono de terror perdurable que se ha visto en posteriores reimaginaciones en la página, el escenario y la pantalla.

La proliferación de publicaciones periódicas baratas a principios de siglo condujo a un auge de la literatura de terror. Por ejemplo, Gaston Leroux publicó por entregas su "Le Fantôme de l'Opéra" antes de que se convirtiera en novela en 1910.

Los escritores de terror más influyentes de principios del siglo XX hicieron incursiones en estos medios. En particular, el venerado autor de terror H. P. Lovecraft y su perdurable Mito de Cthulhu transformaron y popularizaron el género del terror cósmico, y a M.R. James se le atribuye la redefinición del relato de fantasmas en esa época.

El asesino en serie se convirtió en un tema recurrente. El periodismo amarillo y el sensacionalismo de varios asesinos, como Jack el Destripador y, en menor medida, Carl Panzram, Fritz Haarman y Albert Fish, perpetuaron este fenómeno. La tendencia continuó en la posguerra, en parte renovada tras los asesinatos cometidos por Ed Gein. En 1959, Robert Bloch, inspirado por los asesinatos, escribió Psicosis.

Los crímenes cometidos en 1969 por la Familia Manson influyeron en el tema del slasher en la ficción de terror de los años 70. En 1981, Thomas Harris escribió Dragón Rojo, que presentaba al Dr. Hannibal Lecter. En 1988 se publicó la secuela de esa novela, El silencio de los corderos.

El primer cine se inspiró en muchos aspectos de la literatura de terror, e inició una fuerte tradición de películas y subgéneros de terror que continúa hasta hoy. Hasta las representaciones gráficas de la violencia y el gore en la pantalla, comúnmente asociadas a las películas slasher y splatter de los años 60 y 70, los cómics como los publicados por EC Comics (sobre todo Tales From The Crypt) en los años 50 satisfacían la búsqueda de los lectores de imágenes de terror que la gran pantalla no podía proporcionar. Estas imágenes hicieron que estos cómics fueran controvertidos y, en consecuencia, fueron censurados con frecuencia.

Los relatos modernos de zombies que tratan el tema de los muertos vivientes se remontan a obras como los relatos de H. P. Lovecraft "Cool Air" (1925) y "Strange Conflict" (1941) de Dennis Wheatley. La novela de Richard Matheson "Soy leyenda" (1954) influyó en todo un género de ficción apocalíptica de zombies, emblematizado por las películas de George A. Romero.

A finales de la década de 1960 y principios de la de 1970, el enorme éxito comercial de tres libros -El bebé de Rosemary (1967), de Ira Levin, El exorcista, de

William Peter Blatty, y El otro, de Thomas Tryon- animó a las editoriales a empezar a publicar otras numerosas novelas de terror, creando así un "boom del terror".

Uno de los escritores de terror más conocidos de finales del siglo XX es Stephen King, conocido por Carrie, El resplandor, It, Misery y varias docenas de novelas más y unos 200 relatos cortos. A partir de la década de 1970, los relatos de King atrajeron a un gran público, por lo que fue premiado por la U.

En nuestro siglo, el XXI, existen series de libros más vendidas en la época contemporánea en géneros relacionados con la ficción de terror, como los libros de fantasía urbana sobre hombres lobo de Kitty Norville, de Carrie Vaughn (2005 en adelante). Los elementos de terror continúan expandiéndose fuera del género. La historia alternativa del terror histórico más tradicional en la novela de 2007 de Dan Simmons, The Terror, se encuentra en las estanterías de las librerías junto a mezclas de géneros como Pride and Prejudice and Zombies (2009), y cómics de fantasía histórica y terror como Hellblazer (1993 en adelante) y Hellboy de Mike Mignola (1993 en adelante).

El terror también es uno de los géneros centrales de obras modernas más complejas, como House of Leaves (2000), de Mark Z. Danielewski, finalista del National

Book Award. Hay muchas novelas de terror para adolescentes, como The Monstrumologist de Rick Yancey (2009).

Además, muchas películas, sobre todo de animación, utilizan una estética de terror. Aunque no se sabe con certeza por qué los niños disfrutan de estas películas (ya que parece contrario a la intuición), se teoriza que son los monstruos grotescos los que fascinan a los niños.

Tangencialmente, el impacto interiorizado de los programas de televisión y las películas de terror en los niños está bastante poco investigado, especialmente cuando se compara con la investigación realizada sobre el tema similar de la violencia en la televisión y el impacto del cine en la mente de los jóvenes. Las pocas investigaciones que hay tienden a ser poco concluyentes sobre el impacto que tiene el visionado de estos medios. Ahora bien, ¿qué implica en el texto que un relato sea de terror?

¿Cómo se manifiesta esto en la psique y mente del humano?

1

Características de los cuentos de terror y la psicología detrás

UN RASGO que define el género de terror es que provoca una respuesta emocional, psicológica o física en los lectores que les hace reaccionar con miedo. Una de las citas más famosas de H. P. Lovecraft sobre el género es que "La emoción más antigua y fuerte de la humanidad es el miedo, y el tipo de miedo más antiguo y fuerte es el miedo a lo desconocido", primera frase de su ensayo seminal "El horror sobrenatural en la literatura". El historiador de la ciencia ficción Darrell Schweitzer ha afirmado: "En el sentido más simple, una historia de terror es aquella que nos asusta" y "la verdadera historia de terror requiere un sentido del mal, no necesariamente en un sentido teológico; pero las amenazas deben ser verdaderamente amenazantes, destructoras de la vida y antitéticas a la felicidad".

· · ·

En su ensayo "Elementos de aversión", Elizabeth Barrette articula la necesidad que tienen algunos de los cuentos de terror en un mundo moderno:

"La antigua reacción de "lucha o huida" de nuestra herencia evolutiva desempeñó en su día un papel importante en la vida de todo ser humano. Nuestros antepasados vivían y morían gracias a ella. Entonces alguien inventó el fascinante juego de la civilización, y las cosas empezaron a calmarse. El desarrollo hizo retroceder las tierras vírgenes de los asentamientos. La guerra, el crimen y otras formas de violencia social llegaron con la civilización y los humanos empezaron a aprovecharse unos de otros, pero en general la vida cotidiana se calmó. Empezamos a sentirnos inquietos, a sentir que nos faltaba algo: la emoción de vivir al límite, la tensión entre cazador y cazado. Así que nos contábamos historias durante las largas y oscuras noches. Cuando los fuegos ardían poco, hacíamos lo posible por asustarnos mutuamente. El subidón de adrenalina se siente bien. El corazón late con fuerza, la respiración se acelera y nos imaginamos al límite. Sin embargo, también apreciamos los aspectos perspicaces del terror. A veces, una historia pretende conmocionar y asquear, pero el mejor terror pretende sacudir nuestras jaulas y sacudirnos de nuestra complacencia.

. . .

Nos hace pensar, nos obliga a enfrentarnos a ideas que preferiríamos ignorar y desafía las ideas preconcebidas de todo tipo. El terror nos recuerda que el mundo no siempre es tan seguro como parece, lo que ejercita nuestros músculos mentales y nos recuerda que debemos tener un poco de sana precaución a mano."

En un sentido similar a la razón por la que una persona busca la emoción controlada de una montaña rusa, los lectores de la era moderna buscan sensaciones de horror y terror para sentir una sensación de excitación. Sin embargo, Barrette añade que la ficción de terror es uno de los pocos medios en los que los lectores buscan una forma de arte que les obligue a enfrentarse a ideas e imágenes que preferirían ignorar para desafiar ideas preconcebidas de todo tipo.

La confrontación de ideas que los lectores y los personajes "preferirían ignorar" se puede ver en toda la literatura en momentos famosos como las reflexiones de Hamlet sobre la calavera de Yorick, sus implicaciones sobre la mortalidad de la humanidad y el espantoso final al que inevitablemente llegan los cuerpos. En la ficción de terror, la confrontación con lo truculento suele ser una metáfora de los problemas a los que se enfrenta la generación actual del autor.

Hay muchas teorías sobre por qué la gente disfruta

pasando miedo. Por ejemplo, las personas a las que les gustan las películas de terror tienen más probabilidades de puntuar alto en apertura a la experiencia, un rasgo de la personalidad vinculado al intelecto y la imaginación.

Es un punto de vista ya comúnmente aceptado que los elementos de terror de la representación del vampirismo de Drácula son metáforas de la sexualidad en una era victoriana reprimida, pero ésta es sólo una de las muchas interpretaciones de la metáfora de Drácula. Jack Halberstam postula muchas de ellas en su ensayo Technologies of Monstrosity: Bram Stoker's Dracula. Escribe:

"La imagen del oro polvoriento y sin usar, de las monedas de muchas naciones y de las viejas joyas sin usar, conecta inmediatamente a Drácula con el viejo dinero de una clase corrupta, con una especie de piratería de las naciones y con los peores excesos de la aristocracia".

Los villanos y monstruos amenazantes de la literatura de terror pueden considerarse a menudo metáforas de los miedos encarnados de una sociedad.

. . .

Halberstram articula una visión de Drácula como manifestación de la creciente percepción de la aristocracia como una noción maligna y anticuada que debe ser derrotada. La representación de una banda multinacional de protagonistas que utiliza las últimas tecnologías (como el telégrafo) para compartir, cotejar y actuar rápidamente sobre la nueva información es lo que lleva a la destrucción del vampiro. Esta es una de las muchas interpretaciones de la metáfora de una sola figura central del canon de la ficción de terror, ya que en el análisis se hace referencia a más de una docena de posibles metáforas, desde la religiosa hasta la antisemita.

La Filosofía del Terror de Noël Carroll postula que el "monstruo", el villano o una amenaza más inclusiva de una obra de ficción de terror moderna debe presentar los dos rasgos siguientes:

- Una amenaza, ya sea física, psicológica, social, moral o espiritual, o una combinación de las anteriores.
- Una amenaza que es impura - que viola los esquemas generalmente aceptados de categorización cultural. "Consideramos impuro lo que es categóricamente contradictorio".

Además de los ensayos y artículos mencionados, los estudios sobre la ficción de terror son casi tan antiguos como la propia ficción de terror. En 1826, la novelista gótica Ann Radcliffe publicó un ensayo en el que distinguía dos elementos de la ficción de terror, el "terror" y el "horror". Mientras que el terror es un sentimiento de pavor que tiene lugar antes de que ocurra un acontecimiento, el horror es un sentimiento de repulsión o asco después de que haya ocurrido un acontecimiento.

Radcliffe describe el terror como aquello que "expande el alma y despierta las facultades a un alto grado de vida", mientras que el horror se describe como aquello que "las congela y casi las aniquila".

Los estudios modernos sobre la ficción de terror se basan en diversas fuentes. En sus estudios históricos sobre la novela gótica, tanto Devandra Varma como S.L. Varnado hacen referencia al teólogo Rudolf Otto, cuyo concepto de lo "numinoso" se utilizó originalmente para describir la experiencia religiosa.

Una encuesta reciente informa sobre la frecuencia de consumo de los medios de comunicación de terror:

. . .

Para evaluar la frecuencia de consumo de productos de terror, se formuló a los encuestados la siguiente pregunta: "En el último año, ¿con qué frecuencia ha consumido medios de terror (por ejemplo, literatura de terror, películas y videojuegos) para entretenerse?" El 11,3% dijo "Nunca", el 7,5% "Una vez", el 28,9% "Varias veces", el 14,1% "Una vez al mes", el 20,8% "Varias veces al mes", el 7,3% "Una vez a la semana" y el 10,2% "Varias veces a la semana". Evidentemente, la mayoría de los encuestados (81,3%) afirma utilizar los medios de comunicación del terror varias veces al año o con mayor frecuencia. No es de extrañar que exista una fuerte correlación entre la afición y la frecuencia de uso.

Ahora bien, psicológicamente, el horror provoca miedo; las imágenes tenebrosas también, pero ¿qué es el miedo?

El miedo es una emoción inducida por la percepción o el reconocimiento de fenómenos que pueden suponer un peligro o una amenaza. El miedo provoca cambios fisiológicos y, por tanto, puede producir cambios de comportamiento, como montar una respuesta agresiva o huir de la amenaza.

. . .

El miedo en los seres humanos puede producirse como respuesta a un determinado estímulo que se produce en el presente, o como anticipación o expectativa de una amenaza futura percibida como un riesgo para uno mismo. La respuesta de miedo surge de la percepción de peligro que lleva a la confrontación o a la huida de la amenaza (también conocida como respuesta de lucha o huida), que en casos extremos de miedo (horror y terror) puede ser una respuesta de congelación o parálisis.

En los seres humanos y otros animales, el miedo está modulado por el proceso de cognición y aprendizaje. Así, el miedo se juzga como racional o apropiado e irracional o inapropiado. Un miedo irracional se denomina fobia.

El miedo está estrechamente relacionado con la emoción ansiedad, que se produce como resultado de amenazas que se perciben como incontrolables o inevitables. La respuesta de miedo sirve para la supervivencia al engendrar respuestas conductuales adecuadas, por lo que se ha conservado a lo largo de la evolución. La investigación sociológica y organizativa también sugiere que los miedos de los individuos no dependen únicamente de su naturaleza, sino que también están moldeados por sus relaciones sociales y su cultura, que guían su comprensión de cuándo y cuánto miedo sentir.

A veces se imagina que el miedo es lo contrario del valor; sin embargo, esto es incorrecto. Dado que el coraje es una disposición a enfrentar la adversidad, el miedo es un ejemplo de una condición que hace posible el ejercicio del coraje.

Muchos cambios fisiológicos en el cuerpo están asociados con el miedo, resumidos como la respuesta de lucha o huida. Se trata de una respuesta innata para hacer frente al peligro, que actúa acelerando la frecuencia respiratoria (hiperventilación), el ritmo cardíaco, la vasoconstricción de los vasos sanguíneos periféricos que conduce a la acumulación de sangre, el aumento de la tensión muscular, incluyendo la contracción de los músculos unidos a cada folículo piloso y provocando la "piel de gallina", o más clínicamente, la piloerección (lo que hace que una persona con frío tenga más calor o que un animal asustado parezca más impresionante), la sudoración, el aumento de la glucosa en sangre (hiperglucemia), el aumento del calcio sérico, el aumento de los glóbulos blancos llamados leucocitos neutrófilos, el estado de alerta que lleva a la alteración del sueño y las "mariposas en el estómago" (dispepsia). Este mecanismo primitivo puede ayudar a un organismo a sobrevivir huyendo o luchando contra el peligro.

. . .

Con la serie de cambios fisiológicos, la conciencia realiza una emoción de miedo. ¿sentirás algunos de estos cambios fisiológicos al leer estas historias?

Gray propuso una influyente categorización de los estímulos que causan miedo; a saber, intensidad, novedad, peligros evolutivos especiales, estímulos que surgen durante la interacción social y estímulos condicionados.

Otra categorización fue propuesta por Archer, quien, además de los estímulos condicionados de miedo, categorizó los estímulos que provocan miedo (así como los que provocan agresión) en tres grupos; a saber, dolor, novedad y frustración, aunque también describió el "asomarse", que se refiere a un objeto que se mueve rápidamente hacia los sensores visuales de un sujeto, y puede ser categorizado como "intensidad".

Russell describió una categorización más funcional de los estímulos que provocan miedo, en la que, por ejemplo, la novedad es una variable que afecta a más de una categoría: 1) Estímulos de depredadores (incluyendo el movimiento, la brusquedad, la proximidad, pero también los estímulos de depredadores aprendidos e innatos); 2) Peligros ambientales físicos (incluyendo la intensidad y las alturas); 3) Estímulos asociados con un mayor riesgo de depredación y otros peligros (incluyendo la novedad, la apertura, la iluminación y el estar solo); 4) Estímulos procedentes de congéneres (incluyendo la novedad, el movimiento y el comportamiento de separación); 5) Estímulos de miedo predecibles por la especie y experiencia (peligros evolutivos especiales); y 6) Estímulos de miedo no predecibles por la especie (estímulos de miedo condicionados)

Aunque muchos miedos son aprendidos, la capacidad de temer forma parte de la naturaleza humana. Muchos estudios[9] han descubierto que ciertos miedos (por ejemplo, a los animales o a las alturas) son mucho más comunes que otros (por ejemplo, a las flores o a las nubes). Estos miedos también son más fáciles de inducir en el laboratorio. Este fenómeno se conoce como preparación. Dado que los primeros seres humanos que temían las situaciones peligrosas tenían más probabilidades de sobrevivir y reproducirse, se cree que la preparación es un efecto genético resultado de la selección natural[10].

Aunque aquí hemos visto el miedo como efecto de algo, desde la perspectiva de la psicología evolutiva, los distintos miedos pueden ser adaptaciones diferentes que han sido útiles en nuestro pasado evolutivo.

Es posible que se hayan desarrollado durante diferentes periodos de tiempo. Algunos miedos, como el miedo a las alturas, pueden ser comunes a todos los mamíferos y desarrollarse durante el periodo mesozoico.

Otros, como el miedo a las serpientes, pueden ser comunes a todos los simios y desarrollarse durante el cenozoico. Y otros, como el miedo a los ratones y a los insectos, pueden ser exclusivos de los humanos y desarrollarse durante los períodos paleolítico y neolítico (cuando los ratones y los insectos se convierten en importantes portadores de enfermedades infecciosas y perjudiciales para las cosechas y los alimentos almacenados).

Después de lo anterior, esperamos estés más consciente para disfrutar a toda su profundidad los siguientes cuentos de terror.

2

Los misterios del Hampton Court

Los castillos suelen considerarse lugares de majestuosidad y misterio, y sus imponentes muros esconden todo tipo de secretos. Por supuesto, un castillo puede servir para muchas cosas, a veces al mismo tiempo. Un castillo puede ser una ciudadela militar, una fortaleza de protección, un lugar de habitación, una prisión o simplemente una mansión. Pero tanto si el castillo es una hermosa mansión de cuento de hadas como una imponente ciudadela, parece haber una cosa que todos tienen en común: los fantasmas.

Algunos castillos, sin embargo, parecen tener más fama de fenómenos paranormales y actividad espectral que otros.

· · ·

En algunos casos, los espíritus que se niegan a marcharse eclipsan la historia y la arquitectura de la estructura. Esto no debería sorprender, teniendo en cuenta que muchos de estos castillos tienen cientos de años y han sido testigos de todo tipo de tragedias y dramas humanos.

Por ejemplo, el castillo de Charleville, en Irlanda, donde las víctimas de la peste fueron enterradas vivas en sus terrenos, o la infame Torre de Londres, donde el encarcelamiento y la ejecución eran sinónimos de su nombre. Cualquier estructura asociada a intrigas políticas, escándalos, penas y asesinatos va a llevar las cicatrices de toda esa emoción. Los castillos, por muy poderosos e impenetrables que parezcan, no son una excepción.

En estas páginas encontrarás historias reales de embrujos en castillos de todo el mundo, desde Nueva Zelanda hasta Inglaterra y Canadá. Se incluyen hermosos castillos construidos para exhibir riqueza, pero que estuvieron llenos de tragedias, como el castillo de Larnach en Nueva Zelanda, o una fortaleza inusual construida para mantener algo dentro y no a los invasores, como es el caso del castillo de Houska en la República Checa.

. . .

Estos fantasmas provienen de todos los estratos de la sociedad y abarcan cientos de años y muchas naciones. Desde las desafortunadas esposas del rey Enrique VIII que se niegan a permanecer en reposo, hasta un sacerdote que finalmente encontró la paz cuando su estatuilla tallada fue trasladada a una capilla, pasando por niños que tuvieron un final prematuro y accidental. Se incluyen innumerables fantasmas que murieron a causa de los celos y la ambición, así como un puñado de suicidas. Hay prisioneros torturados en las mazmorras y las cámaras de las prisiones de muchos de los castillos, algunos acusados falsamente de brujería, mientras que otros fueron simplemente sacrificados en el altar de la conveniencia política.

Puede que sus vidas hayan terminado, pero su dolor ha dejado cicatrices en las paredes de algunos de los castillos para que sus muertes no sean olvidadas.

También hay entidades demoníacas, como las criaturas atrapadas entre los muros del castillo Houska, supuestamente conjuradas por la magia negra, y los poderosos elementales que parecen estar conectados a los antiguos bosques que rodean los castillos.

. . .

Algunos de los fantasmas pueden ser la encarnación del mal que habita en la zona de las mazmorras y que se asocia con los hombres que infligen tortura y muerte a inocentes; son espíritus a los que no hay que desafiar a la ligera.

Hay muchos castillos encantados en todo el mundo, cada uno con sus propios fantasmas que tejen un ilustre tapiz de historia y leyendas dentro de un castillo. Estos relatos de fantasmas pueden tener algunas similitudes, pero hay una gran variedad de relatos de testigos presenciales e historias que los respaldan. Al igual que no hay dos personas exactamente iguales, no hay dos castillos que tengan exactamente las mismas manifestaciones fantasmales.

El Palacio de Hampton Court es un enorme castillo que cuenta con más de 1.300 cámaras y muchos salones, galerías y pasillos. Se empezó a construir en 1515 para el cardenal Thomas Woolsey. Cuando el rey Enrique VIII se disgustó con él, fue confiscado en 1529.

A lo largo de los años, se ha reconstruido y ampliado mucho desde su construcción, aunque sus muros han visto mucho dolor, desesperación y tristeza.

Ahora está abierto al público para las visitas y abierto a los fantasmas para los embrujos, al parecer.

Probablemente, el fantasma más famoso del Palacio de Hampton Court es el conocido como la Dama Gris. En una reciente aparición, hizo un photobomb a un par de niñas de doce años que visitaban el castillo durante una excursión escolar. Mientras echaban un vistazo a los aposentos del rey, las niñas se hacían fotos con las cámaras de sus teléfonos móviles. Sin embargo, cuando una de ellas tomó una foto, vio a alguien de pie junto a su amiga: una figura de aspecto fantasmal de una mujer vestida de gris. Volvió a mirar rápidamente, pero no había nadie. Estas chicas no son ni mucho menos las primeras que se encuentran con la misteriosa dama gris y es probable que no sean las últimas.

Muchos creen que este fantasma era una sirvienta y enfermera del príncipe Eduardo VI y posteriormente de la reina Isabel I, Dame Sybil Penn. Fue mientras cuidaba a la reina Isabel I cuando contrajo un caso mortal de viruela. Murió a la temprana edad de 25 años, y se entiende que estaba tan dedicada a la reina que corrió riesgos que la llevaron a la muerte.

. . .

Fue enterrada cerca del palacio de Hampton Court, pero su tumba fue alterada en 1829 cuando se estaba reconstruyendo una iglesia cercana. Poco después comenzó a hacer apariciones.

Sus apariciones no se limitan, por supuesto, a los ataques fotográficos. Muchos de los que trabajan en el castillo creen que ella es la fuente de un sonido fantasmal de hilatura, como si alguien estuviera trabajando activamente en una rueca. Una de las leyendas más interesantes afirma que una vez se abrió una habitación sellada en el castillo y se encontró una rueca; supuestamente, dejó de girar lentamente poco después de ser encontrada, como si alguien hubiera puesto una mano sobre ella para detenerla tras ser interrumpida. Por supuesto, no se encontró a nadie en la habitación sellada, al menos a nadie vivo. Lo más habitual es que se manifieste, visual o auditivamente, en los apartamentos del Estado y en el Tribunal del Reloj.

Dame Sybil Penn no es el único fantasma al que le gusta aparecer inesperadamente en las fotos. Un visitante del Palacio de Hampton Court estaba tomando fotos en lo que solía ser la cámara privada de la reina.

. . .

Al inspeccionar las fotos más tarde, pudieron ver a un niño pequeño con ropa de estilo Tudor, sin duda uno de los muchos pequeños fantasmas que rondan los pasillos.

Catalina Howard fue la malograda quinta esposa del tristemente célebre Enrique VIII. Se casó con él cuando era apenas una adolescente, pero tras ser acusada de adulterio, fue ejecutada en la Torre de Londres. Muchos dicen que su alma no descansa; sus manifestaciones aumentaron después de que la reina Victoria abriera el castillo de Hampton Court al público en 1838.

Para comprender un encuentro con este infeliz espíritu, imagínate caminando por la Galería Embrujada de este hermoso y antiguo castillo. Mientras admiras las obras de arte y la arquitectura, oyes un grito espeluznante que te pone los pelos de punta. El sonido pasa a tu lado como si alguien corriera por la galería, pero no se ve a nadie: los gritos pertenecen al fantasma de Catalina.

Se cree que los gritos que se escuchan en la galería son un eco de lo que realmente ocurrió cuando se ordenó su ejecución. Al parecer, la joven Catalina corrió gritando por la galería hasta la capilla para rogar a su marido que le perdonara la vida.

Sus guardias la atraparon y la arrastraron de vuelta a sus aposentos, todavía gritando y suplicando por su vida. Incluso cuando no se la oye ni se la ve, los visitantes del castillo afirman sentir un claro escalofrío en la Galería Embrujada, mientras que otros describen sensaciones inusuales y extrañas.

Un caballero que trabaja en primeros auxilios en el castillo de Hampton Court sabe que, cuando oye una llamada de auxilio por un desmayo, siempre se dirige a la Galería Embrujada, incluso antes de oír el lugar. Lo hace para ahorrar tiempo, ya que los desmayos son bastante frecuentes en el lugar favorito de Catherine. Algunos creen que Catherine es también la Dama Gris, mucho más silenciosa, que se manifiesta por todo el castillo, aunque Catherine suele aparecer vestida de blanco.

Además, algunos visitantes han captado la inquietante imagen de una joven vestida al estilo Tudor que le mira desde lo alto de un rellano de la escalera.

. . .

Otra de las malogradas esposas de Enrique VIII, Jane Seymour, murió sólo doce días después de dar a luz a un heredero varón, Eduardo VI.

Su espíritu se manifiesta en la escalera que lleva a la galería del Palo de Plata; en el aniversario del nacimiento de su hijo (12 de octubre) se la ha visto caminar por el Patio del Reloj llevando un candelabro en la mano.

Otra aparición interesante en este castillo fue apodada "Skeletor". La imagen de este fantasma fue encontrada en las grabaciones de CCTV por el personal de seguridad en 2003. Durante un periodo de tres días, se grabaron cosas extrañas alrededor de un conjunto de modernas puertas contra incendios.

El primer día, las puertas se abrían con gran fuerza, pero no se veía a nadie. El segundo día, las puertas volvieron a abrirse, pero esta vez se vio una figura en la puerta. Esta figura grande e imponente parecía llevar una capa del siglo XVI con una cara esquelética, de ahí su nombre; aunque parece amenazante y poderosa, parece que está cerrando las puertas. El tercer día, las puertas volvieron a abrirse con fuerza, pero no había rastro de nadie.

· · ·

Al mismo tiempo, un visitante anotó en el libro de visitas que vio la aparición de un hombre grande cerca de la misma zona.

En un primer momento se revisaron las imágenes porque las puertas se encontraban abiertas de par en par sin ninguna explicación.

En otro incidente, un joven estuvo trabajando hasta muy tarde en la cafetería. Cerca de él había dos pilas de platos de cerámica que, para su horror, empezaron a temblar violentamente sin ninguna razón física. Afortunadamente, ninguno de los platos se rompió, aunque hay que razonar que estuvo bastante nervioso durante el resto de su turno.

Un guardia de seguridad recuerda claramente que a las 3 de la mañana sonó la alarma en el Fountain Court.

Cuando él y otro miembro del equipo de seguridad llegaron, oyeron claramente el sonido de fuertes pasos subiendo por una escalera inaccesible. Inquietos, buscaron a fondo en la zona, pero no pudieron encontrar ninguna fuente humana para la alarma de la madrugada.

. . .

También, el armario de Woolsey tiene un habitante fantasmal de un tipo ligeramente diferente: un perro.

Muchas personas han visto la forma fantasmal de un perro en este armario o cerca de él. Un camarero se negó a entrar en él, alegando una abrumadora sensación de maldad en su interior.

Si tienes la oportunidad de visitar el palacio embrujado de Hampton Court, no te sorprendas de que alguien decida obstaculizar tus fotos o de que oigas, pero no veas, a alguien corriendo por el pasillo gritando. Los escalofríos, las sensaciones incómodas y los desmayos también son habituales allí.

3

La mujer reanimada

Esta segunda historia proviene de un aviso en una zona rural de Illinois. Un agente de policía y su compañero trabajaban en el turno de noche, normalmente un asunto tranquilo que sólo se ocupa de algún borracho ruidoso y de algún coche con exceso de velocidad. Recibieron una llamada diciendo que se sospechaba de un robo en la morgue local. Es cierto que es un lugar un poco extraño para irrumpir, pero en su interior hay un buen número de productos químicos que pueden ser de interés para los drogadictos. Los agentes atendieron la llamada y se dirigieron a la morgue para investigar. Al llegar, encontraron al conserje esperándolos fuera, con un aspecto un poco alterado. Dijo a los agentes que estaba fregando el suelo cuando vio que algo se movía en su visión periférica.

· · ·

Cuando levantó la vista, vio a alguien correr por el pasillo de un lado a otro y desaparecer en una habitación.

Por desgracia, no pudo dar una buena descripción de la persona porque había apagado las luces mientras limpiaba. Sin embargo, estaba seguro de haber visto a alguien y, estando solo y desarmado, decidió que la discreción era la mejor parte del valor y llamó a la policía.

Los dos agentes pensaron que podría tratarse de unos niños que entraban por diversión o que el conserje había visto cosas, pero el hombre estaba lo suficientemente seguro de lo que había visto como para convencer a los agentes de que lo comprobaran. Empezaron por advertir verbalmente a cualquier persona que estuviera dentro del edificio para que se presentara, pero no recibieron más respuesta que el eco de sus voces. Los agentes, junto con el conserje, hicieron un barrido del edificio recorriendo el pasillo central, con las manos en las armas, y revisando cada una de las salas laterales a medida que se encontraban con ellas.

La mayoría eran laboratorios de análisis; algunas eran almacenes de herramientas o archivos administrativos.

. . .

A medida que avanzaban, encendían las luces para asegurarse de que no había nadie escondido. Un agente abrió la puerta de una sala ennegrecida y buscó a tientas el interruptor de la luz; lo que encontró fue una sala de espera vacía para los familiares de los fallecidos. Barrió la habitación rápidamente, comprobando todos los lugares en los que podía esconderse una persona. Mientras lo hacía, su compañero empezó a gritar de repente: "¡Oye, detente! Date la vuelta". El otro agente se giró para ver a su compañero con el arma en alto hacia el final del pasillo. 'Ha doblado la esquina', dijo, indicando la ruta de la izquierda al final del pasillo.

'Ese camino es un callejón sin salida; no hay escapatoria desde allí', explicó el custodio. Sabiendo que tenían acorralada a la intrusa, los agentes avanzaron por el pasillo llamando a la mujer para asegurarle que estaría a salvo si salía y se entregaba. El primer agente se dirigió al final del pasillo y se asomó a la esquina para ver a la mujer de pie al final. Las luces aún estaban apagadas en esa parte del edificio, lo que le permitió tener una imagen aproximada de ella y de su larga y rubia cabellera.

. . .

Queriendo ver si podía hablar con ella para convencerla de que se fuera con ellos tranquilamente, salió de detrás de la esquina.

Sin embargo, en cuanto le vio, abrió de golpe una gran puerta gris que tenía detrás y salió corriendo, dando un portazo tras de sí. El agente corrió hacia la puerta, pero comprobó que estaba cerrada con llave. Golpeó la puerta durante un rato y pidió a la mujer que se presentara, pero no respondió. Su compañero se acercó al conserje y le explicó la situación, que parecía preocupar al conserje. Al parecer, la puerta no se podía cerrar desde dentro. El conserje la desbloqueó y los dos agentes se dirigieron al interior, con las armas en alto.

Alumbrando con sus linternas la habitación, revelaron todo excepto a la mujer que intentaban encontrar. El lugar resultaba espeluznante a su luz y uno de los agentes sintió un frío extraño, incluso para un depósito de cadáveres. El conserje entró detrás de ellos y encendió las luces, llenando la sala de luz. Estaba casi vacía: algunos espacios de trabajo a los lados, el equipo contra una pared y dos camillas para cadáveres en el centro de la sala. Una de las camillas estaba cubierta con una sábana, con la forma de un cuerpo debajo de ella. Habría sido un escondite inteligente si la sala se hubiera utilizado con más regularidad, pero tal como estaba, los agentes sabían que tenían a su sospechoso.

Al acercarse a la camilla, se dieron cuenta de que algo iba mal.

Había un hedor sobrenatural que emanaba de la forma; no era de alguien vivo, ni siquiera de alguien desaseado y sudoroso, sino que olía a podredumbre y muerte. Cuando los agentes retiraron la sábana del cuerpo, allí yacía la mujer a la que habían perseguido por el edificio, con una etiqueta en el pie que decía que había muerto cuatro días antes.

4

Un misterio antiguo, el castillo Warwick

El castillo de Warwick y sus tierras tienen una larga historia que abarca más de 1.000 años. También alberga una enorme colección de armaduras y armas y ha sido testigo de muchas guerras diferentes a lo largo de los años.

La historia del castillo es fascinante; se considera que la arquitecta original fue Aethelflaed, la hija de Alfredo el Grande, rey de Wessex. La historia, la armería y los sucesos traumáticos combinados lo convierten en un semillero de manifestaciones paranormales y actividad fantasmal.

Uno de los habitantes fantasmales más famosos de este castillo es Sir Fulke Greville, a quien el rey Jaime I concedió el castillo en 1604. Al encontrarlo en un estado lamentable, Sir Greville se puso a trabajar para restaurar su belleza y funcionalidad. Greville, que era un hombre rico y un funcionario público, era también poeta y dramaturgo. Siendo un soltero empedernido, Greville no tenía hijos ni esposa, por lo que, mientras preparaba su testamento, decidió hacer una pequeña provisión para su criado, Ralph Haywood.

Después de tantos años de fieles servicios, Haywood se sintió insultado por la insignificante cantidad de dinero que Greville pensaba dejarle a su muerte. Atacó a Greville con una furia asesina, apuñalándolo brutalmente mientras le ayudaba a vestirse una mañana, aunque Greville tardó un mes en sucumbir a sus heridas. Aunque Haywood atacó a Greville en su casa de Londres, fue llevado de vuelta al castillo de Warwick para morir y ser enterrado. Se dice que Haywood se suicidó cortándose la garganta debido a su culpabilidad.

Se sabe que Sir Greville se materializa junto a su retrato, sin duda para angustia de los que están cerca.

Todavía se pasea por su estudio y los visitantes lo han vislumbrado de reojo mientras permanece de pie, observando, en las oscuras sombras de su castillo. Otros afirman sentir su presencia en el estudio incluso cuando no se le ve o en la torre donde a menudo se alojaba.

La mazmorra del castillo puede albergar un espíritu más malicioso, lo que no debería sorprender. Este espíritu agresivo suele gruñir a los visitantes y se sabe que los agrede físicamente. Algunas personas insisten en que hay un espíritu elemental que reside en la mazmorra y que tiene la capacidad de aparecer en forma humana.

Hace unos años se construyó una nueva mazmorra en la región de la armería original del castillo con la intención de que sirviera como cámara de tortura de acción real (recreaciones, por supuesto) para entretener a los visitantes. Sin embargo, empezaron a ocurrir cosas extrañas y aterradoras.

En uno de los incidentes, alguien percibió un fuerte olor a lavanda, que no tenía ningún sentido para esta obra en particular. Junto con la fragancia de lavanda apareció un hombre con pantalones y túnica, pero desapareció de la vista demasiado rápido para ser una persona física.

Uno de los encargados de la obra dijo haber visto

una figura extraña varias veces en los pasillos vecinos. Sea cual sea la naturaleza de lo que vio, fue suficiente para dejarle aterrorizado y huir despavorido.

Los médiums han informado de la presencia de un espíritu femenino que creen que es France Greville, amante del rey Eduardo VII. Falleció en 1938, pero su espíritu ha sido visto cerca de una de las puertas de la armería. Su presencia va acompañada de una sensación de negatividad y miedo.

En otra ocasión, un visitante estaba solo en la Sala Kenilworth haciendo fotos. Al examinar las fotos, una de las imágenes mostraba la figura de una niña pequeña de pie junto a una ventana. Como es típico de los fotomultas fantasmales, la niña no fue vista en la sala en el momento en que se tomó la imagen. Además, se dice que hace apariciones regulares en esta zona del castillo.

Otra forma interesante en que los fantasmas parecen divertirse en el castillo de Warwick es a través de la música. No es raro que la gente escuche música (ciertamente no de estilo moderno) sin poder encontrar una fuente legítima.

También se ha captado música instrumental en

relación con el fenómeno de la voz electrónica (EVP), en el que la música no se escuchó hasta que se reprodujo la grabación.

El castillo de Warwick tiene su propia Dama Gris, que ha sido vista en los pasillos durante muchos, muchos años. En un giro interesante, los informes afirman que las puertas se abren repentinamente sin razón y momentos después aparece la Dama Gris. Sin embargo, cuando el testigo de su manifestación intenta alcanzarla, no aparece por ningún lado.

Los testigos la describen como una mujer mayor vestida con un sencillo vestido gris. Era la más activa en los años 20, según los informes de los sirvientes del castillo y de los familiares que viven allí, pero sus apariciones han disminuido con los años. Cabe esperar que haya encontrado la paz que necesitaba y que haya pasado a un lugar mejor.

Otro fantasma, también bastante famoso, es un enorme y musculoso perro negro del que se dice que tiene unos ojos anormalmente rojos y brillantes y que le sale espuma de las comisuras de sus gigantescas fauces.

. . .

Al parecer, una sirvienta muy descontenta, Moll Bloxham, lanzó una maldición sobre el castillo y esta espantosa criatura es la manifestación de su maldición. La señorita Bloxham fue sorprendida robando y el castigo fue la humillación y la tortura pública. Enfadada por la injusticia de este castigo, se cree que maldijo a los implicados.

Unos días después de su castigo inicial, este canino fue visto alrededor del castillo donde vivían los responsables del castigo de Moll. La espantosa bestia provocó el caos y el miedo, sin duda exactamente como pretendía Bloxham. Se supone que se mató al perro engañándolo para que saltara de una de las altas torres y cayera al río que hay debajo, pero su fantasma sigue apareciendo por el castillo.

Frances, la condesa de Warwick, se llevó un buen susto poco después de casarse y residir en el castillo familiar de su nuevo marido. Una noche en la que su marido no estaba en casa, se encontraba en una parte desolada del castillo, junto con sus perros, y se instaló para dormir. De repente, la despertó bruscamente el sonido de unos potentes pasos que resonaban en los muros del castillo.

. . .

Las botas parecían golpear las tablas de madera bajo las frondosas alfombras con un sonido violento. Estaba aterrorizada, al igual que sus perros, que corrieron a esconderse debajo de la cama y no salieron hasta la mañana siguiente.

Apariciones inquietantes, sombras, gritos, perros espectrales, todo esto y más espera a quienes visitan el laberíntico castillo de Warwick. Pocos de los que han pasado mucho tiempo en el castillo niegan que haya cosas extrañas entre sus muros marcados por el tiempo. Sin embargo, no te sorprendas si escuchas música fantasmal o ves a una mujer vestida de gris revoloteando.

5

El curioso castillo Belcourt

Se cree que el Castillo de Belcourt, en Rhode Island, es un castillo embrujado, pero es lo que hay dentro del castillo lo que provoca el embrujo, más que el propio castillo. Oliver Hazard Perry Belmont construyó este castillo de sesenta habitaciones de estilo Luis XIII hace poco más de cien años. A él y a su esposa les gustaba coleccionar antigüedades, por lo que el castillo de Belcourt cuenta con una enorme colección de todo el mundo. Estas antigüedades pueden ser el origen de las apariciones que han hecho famoso al castillo de Belcourt.

Dentro del castillo hay una armadura japonesa del siglo XVII cuyo propietario original murió cuando una lanza le atravesó el cráneo por la hendidura del ojo; todavía se puede ver una grieta en el casco.

Algunos visitantes que han intentado asomarse al interior del casco han afirmado ver los ojos y la cara de alguien asomando. Lo que hace especial a esta armadura es que se dice que sólo grita en el mes de marzo, que corresponde a la muerte de su propietario original.

La armadura que grita también fue la responsable de aterrorizar a una empleada del castillo una noche hace unos 30 años. Se dirigía a la cocina cuando notó que las luces de las vidrieras estaban encendidas en el salón de baile. Desconcertada, decidió revisar el salón de baile para asegurarse de que no había nada que perturbar y apagar las luces. Al apagar el interruptor, oyó un grito espeluznante. Se giró hacia la sala para echar un vistazo y las luces volvieron a encenderse solas mientras un segundo grito, aún más fuerte, resonaba en el salón de baile vacío.

El castillo de Belcourt alberga una amplia y variada colección de armaduras, entre ellas la armadura del grito. Sin embargo, no es la única armadura embrujada de la colección. Se sabe que varias de estas pesadas armaduras metálicas se trasladan a diferentes zonas del castillo sin explicación alguna.

. . .

Se trasladan a su posición original para volver a aparecer en otro lugar. Incluso se sabe que algunas armaduras se mueven ligeramente mientras los visitantes las admiran.

Una de las apariciones más conocidas del castillo de Belcourt es la de un monje barbudo vestido con una pesada túnica marrón, que resulta ser idéntico a una hermosa y realista talla antigua de madera de un monje dentro del castillo.

Antes sólo aparecía cerca de la talla y cuando ésta se movía, también lo hacían sus apariciones. Con el tiempo, la talla se trasladó a la capilla y el monje ya no aparece.

Parece que ha encontrado la paz en la capilla y ahora descansa.

Imagina que te sientas en una hermosa silla antigua y sientes que alguien te empuja hacia atrás. Mientras avanzas a trompicones, luchando por mantener el equilibrio, te giras para disculparte profusamente con quien no has visto. Sin embargo, no hay nadie en la silla. A pesar de ello, decides sentarte en otro lugar.

. . .

El impresionante Salón de Baile Gótico, con sus altos arcos y vidrieras, alberga un par de sillas muy embrujadas. Algunos sienten una ligera resistencia al sentarse, mientras que otros son prácticamente arrojados al suelo hasta dos metros de distancia. Los testigos también han informado de escalofríos, descargas eléctricas y sensaciones extrañas cuando se sientan en una de las sillas.

Otros han sentido un frío glacial y náuseas al instante de sentarse.

En una ocasión, un grupo de setenta visitantes que visitaban el castillo fueron testigos de lo que parecía un rayo que salía de una de las sillas. Estas sillas antiguas se denominaban sillas de sal y eran de uso exclusivo de los reyes, por lo que es posible que los plebeyos y los campesinos no sean bienvenidos a sentarse en ellas hoy en día.

Se dice que la sala de música del castillo de Belcourt alberga un espejo embrujado famoso por desconcertar tanto a los huéspedes como a los empleados. Piensa en cómo reaccionarías si te miraras en un espejo y vieras tu reflejo moviéndose, aunque estés quieto. O si viera que los objetos detrás de usted vibran, pero cuando se da la vuelta están inmóviles.

A menudo, los testigos que no sonríen ven su reflejo devolviéndoles la sonrisa o su reflejo no está en absoluto, pero la habitación y las personas que están detrás de usted son visibles en el espejo.

El castillo de Belcourt está lleno de objetos embrujados, entre los que se encuentran trajes de armadura antiguos demasiado animados. Ten cuidado con las sillas, ya que puede que no quieran que te sientes en ellas y no te angusties si uno de los espejos no refleja la realidad.

Parece que los habitantes fantasmales de este castillo americano no son especialmente peligrosos, a no ser que usted sea susceptible de sufrir un ataque al corazón.

6

Un embrujo infantil

La siguiente historia proviene de una pequeña ciudad rural de Nebraska a principios de los años 90. En el momento del incidente, el pueblo tenía varios edificios abandonados que la policía debía inspeccionar. El constante desplazamiento de la industria pesada de la ciudad había hecho que muchas familias se marcharan, desalojando sus casas.

Había un edificio en particular que había tenido problemas con los ladrones de cobre en el pasado, por lo que se aconsejó a los agentes que lo vigilaran de cerca. Un agente, que se encontraba solo debido al entorno de la pequeña ciudad, estaba haciendo su ronda por la noche cuando pasó por esta casa.

. . .

Estaba situada en la esquina de un terreno, lo que permitía ver los cuatro lados del edificio al pasar. La primera vez que pasó fue sobre las siete de la tarde. El edificio estaba deteriorado, con la pintura descascarillada y las ventanas tapiadas; otro cascarón vacío sin actividad.

La nieve empezaba a acumularse, sobre todo alrededor de las casas que no habían sido limpiadas ni saladas. El oficial se estaba acomodando para otra larga y aburrida noche. Unas dos horas más tarde, volvió a pasar por allí en su ruta de patrulla y se dio cuenta de que la puerta trasera de la casa estaba abierta de par en par. El agente sabía que no estaba abierta la última vez que pasó por la casa; lógicamente, llegó a la conclusión de que alguien había vuelto a entrar en la casa. Al detenerse para investigar, se preguntó si podría haber algo que robar en la cáscara de la casa.

Extrañamente, cuando llegó a la casa no había huellas en la nieve alrededor de la puerta abierta. Confundido, pero no especialmente preocupado, el agente llamó a la central y les dijo que estaba investigando una puerta abierta en la dirección de la propiedad y solicitó que un sheriff del condado se dirigiera hacia allí.

· · ·

El agente se acercó a la puerta, todavía preguntándose por la falta de huellas, y utilizó su linterna para iluminar el interior de la vivienda. Varios ladrones, a lo largo de los últimos años, habían destruido el lugar; las paredes de yeso estaban todas arrancadas y en el suelo se acumulaban montones de escombros y desechos. No vio a nadie en la habitación ni huellas en el polvo del suelo.

Ante la falta de huellas tanto en la nieve como en el suelo, el agente supuso que el viento podría haber abierto la puerta. Estaba a punto de cerrar y asegurar la puerta cuando oyó un fuerte golpe procedente del piso superior y lo que parecía ser la risa de unos niños. Les llamó, pero no hubo respuesta, sólo más sonidos infantiles de juegos y risas. El agente volvió a llamar a la central para avisar de que creía que los intrusos eran sólo unos niños jugando en la casa. Se dirigió con cuidado a través de la cocina hacia el salón, donde estaban las escaleras, comprobando cada rincón a medida que avanzaba.

Muchas de las tablas del suelo estaban podridas y tuvo que abrirse paso con delicadeza por las habitaciones.

· · ·

Mientras se movía por la casa, volvió a oír ruidos en el piso de arriba dos veces más; sin una respuesta verbal a sus indagaciones, empezó a pensar que podría tratarse de un animal. Sin embargo, juró que parecía que los niños se reían. Pensando que tenía que comprobarlo de todos modos, empezó a subir las escaleras para encontrar el origen de los sonidos.

Al hacerlo, inmediatamente se hizo un silencio espeluznante. El piso de arriba no era especialmente escalonado, sino que oyó un golpe en el dormitorio de su izquierda. Sin estar seguro de lo que podría encontrar allí, se acercó tímidamente a la puerta de la habitación y se asomó por el lateral. Estaba vacía, salvo por un montón de escombros y trozos de muebles. Curiosamente, había un papel nuevo encima de la pila. El agente se acercó a inspeccionar el papel y descubrió que era una página arrancada de un libro infantil.

Pero lo más inquietante era que en la imagen había un dibujo infantil de un agente de policía. Se le erizaron los pelos de la nuca y oyó las risas de los niños, esta vez justo detrás de él. Al darse la vuelta, con la pistola en alto, vio que no había nadie. El agente salió inmediatamente de la casa, dijo a la central que era una falsa alarma y se negó a volver a esa casa.

7

El castillo más embrujado del mundo

EL CASTILLO DE EDIMBURGO está ampliamente considerado como el castillo más embrujado del mundo. Esta histórica fortaleza está llena de fantasmas y embrujos, sin duda debido a su larga historia.

Pocos saben que se levanta sobre un volcán extinto de 700 años de antigüedad conocido como Castle Rock y que la zona ha estado habitada desde el año 2 d.C. A lo largo de los años, ha sido testigo de muchas batallas, guerras y habitantes, algunos de los cuales, al parecer, siguen por aquí.

Bajo el castillo hay una compleja serie de túneles y cámaras conocidas como "Las Bóvedas de los Gritos".
   Se han encontrado varios fantasmas en estos

oscuros túneles y algunos de ellos son lo suficientemente agresivos como para dejar marcas de arañazos visibles en las personas. Los pasillos y las puertas son bastante estrechos, lo que crea una respuesta claustrofóbica que se suma a las sensaciones incómodas que despierta este lugar.

En un tiempo, la zona albergaba a varias familias de comerciantes y disponía de almacenes numerados. Con el tiempo, la zona se convirtió en un tugurio y empezaron a producirse actividades delictivas. La historia de estas bóvedas tiene un aspecto oscuro, ya que se afirma que en ellas se almacenaban las víctimas de los asesinos en serie Burke y Hare (que vendían los cadáveres de sus víctimas a las facultades de medicina). La gente ha sentido ráfagas de aire frío y ha escuchado los sonidos de niños inexistentes, además de las grabaciones de una voz que grita "¡Vete!" en gaélico antiguo.

En un incidente, una mujer de mediana edad que visitaba un grupo de turistas más grande gritó de repente durante una visita y corrió al lado del guía. Se negó a separarse de él durante el resto de la visita y tardó en calmarse lo suficiente como para explicarle lo que había sucedido.

. . .

Mientras estaba de pie en los túneles escuchando al guía describir algunas de las cosas que ocurrían en ellos, de repente sintió, no vio, que un hombre grande se ponía delante de ella. Estaba frente a ella y podía sentir su aliento caliente en su cara y oler el fuerte olor a whisky en su aliento. Su presencia era abrumadora. Aterrorizada, corrió hacia el guía. Nadie más del grupo de turistas lo sintió ni lo olió.

El calabozo fue el lugar de innumerables encarcelamientos, muchos de ellos injustificados, y de multitud de muertes. Una de las apariciones más comunes que se ven en la zona de las mazmorras es la silueta de un hombre macizo, pero de edad avanzada. Siempre se le ve vestido con un delantal de cuero muy desgastado y manchado, que suele atravesar una puerta de la zona de las mazmorras y luego desaparece de la vista.

Uno de los prisioneros hizo un intento desesperado de escapar escondiéndose dentro de un barril de estiércol. Su objetivo era conseguir salir completamente del castillo antes de que se detectara su presencia. Lamentablemente, no era consciente de cómo se manejaban los barriles.

. . .

Consiguió salir de las mazmorras, pero se precipitó a la muerte cuando los ordenanzas de la prisión arrojaron el barril por la ladera de Castle Rock.

Su fantasma suele manifestarse con un olor muy desagradable, pero reconocible (sí, lo has adivinado: estiércol). A veces, sin embargo, se manifiesta en las almenas del castillo, donde no sólo perfuma la zona inmediata, sino que también intenta empujar a los visitantes por el borde.

Otra zona de túneles conduce a la Milla Real, que es el hogar de otro fantasma. Hace un par de cientos de años se descubrió un complicado laberinto de túneles secretos.

Parece ser que a un gaitero se le encomendó la tarea de explorar los túneles bajo el castillo y se le dijo que tocara su gaita para que los de arriba pudieran seguir su ubicación. Evidentemente, necesitaba dinero y estaba dispuesto a hacer el trabajo a pesar del peligro que suponía entrar en un sistema de túneles desconocido. Todo estuvo bien durante un tiempo hasta que el sonido de la gaita dejó de sonar de repente.

. . .

Se envió un equipo a buscarlo, pero su cuerpo (y su gaita) nunca se encontraron. Hasta el día de hoy, los visitantes de los túneles afirman haber oído el sonido de las gaitas en los túneles, pero nunca se ha localizado la fuente.

Parece que el caballero puede seguir intentando encontrar la salida.

Otro fantasma infame que ronda el castillo de Edimburgo es el de una bruja falsamente acusada, Lady Janet Douglas, o Lady Glamis, como se la conoce. Su marido y su familia eran considerados una amenaza para el poder del rey Jacobo V; cuando su marido murió, el rey la acusó de brujería. Se la acusó, entre otras cosas, de envenenar al rey mediante brujería. Para obtener pruebas contra ella, el rey hizo que sus sirvientes y familiares fueran hechos prisioneros y torturados. La encarcelaron en las mazmorras y la dejaron en la oscuridad hasta que apenas pudo ver. Finalmente, Lady Glamis fue quemada viva en la hoguera sobre una plataforma de madera mientras su hijo de 16 años observaba horrorizado.

La zona donde encontró su horrible final se considera embrujada.

. . .

No sólo se han visto sus apariciones, sino que por la noche se oye el sonido de un martillo construyendo algo, pero no hay nada. Se cree que este sonido de golpes y martillazos es el eco de los obreros que construyen la plataforma sobre la que murió. No fue la única mujer que fue quemada en la hoguera por brujería; un total de 300 mujeres corrieron la misma suerte en los terrenos del castillo de Edimburgo.

La historia de los que se han encontrado con el tamborilero sin cabeza del castillo de Edimburgo es espeluznante.

El fantasma del joven está vestido con un uniforme de tamborilero del siglo XVII; lo único que le falta es la cabeza. Sólo aparece cuando el castillo está en peligro inminente, aunque el sonido de sus tambores puede oírse en otras ocasiones.

Apareció por primera vez en 1650, justo antes de un gran ataque al castillo por parte de Cromwell. Algunos creen que el sonido de sus tambores se escucha para recordar a los que viven cerca del castillo que sigue haciendo guardia fielmente, listo para advertir del peligro inminente.

Las personas que han explorado las habitaciones y bóvedas de este viejo castillo han sido testigos de figuras sombrías sin explicación racional o de súbitos e inexplicables descensos de temperatura. Otros han experimentado la sensación de ser tocados, empujados o de que les tiran de la ropa. Tanto los visitantes como el personal han sentido emociones negativas abrumadoras (miedo, abatimiento, desesperanza, ansiedad) que golpean de forma inesperada. Además, muchos visitantes se quejan de que ojos invisibles les observan.

Algunos visitantes han sentido una clara sensación de quemazón en los brazos, aunque nunca se encuentra el origen. En muchas fotografías tomadas en este antiguo castillo y sus alrededores aparecen luces misteriosas, orbes brillantes y resplandecientes, extrañas nieblas o misteriosas manchas de color verde, un color popular para los espíritus asociados a este castillo, ya que las nieblas y las figuras verdes no son en absoluto infrecuentes.

También hay informes sobre un perro fantasmal cuyos restos se cree que yacen en el cementerio de mascotas situado cerca de la guarnición del ejército. Se trata de un perro sabueso negro de gran tamaño que parece bastante normal hasta que se observa la niebla verdosa brillante que delinea su cuerpo.

Parece bastante amistoso y no ha habido ningún informe de ataques. Tal vez esté haciendo guardia por un ser querido que ha fallecido hace tiempo.

No cabe duda de que el castillo de Edimburgo está embrujado por muchos tipos de fantasmas de distintos periodos de la historia. Desde la trágica Lady Glamis hasta el maloliente prisionero cuya fuga fracasó, una visita a este fascinante castillo sin duda arrojará algún tipo de experiencia paranormal.

8

Asua

A FINALES de la década de 1980, en una ciudad mediana de Oregón, originalmente colonizada por inmigrantes finlandeses, había un anciano muy conocido que vivía en una de las casas adosadas de estilo victoriano habituales a principios del siglo XX. Había vivido en esa casa desde que tenía dos años; muchos decían que él y la casa se habían convertido en uno, en cierto modo, incluso empezaban a parecerse el uno al otro, ambos encanecidos y desgastados lentamente por la edad.

Nacido en torno a 1915, el hombre había visto cambiar muchas cosas en su pueblo; aunque no era conocido como ermitaño, tenía una vida social semiactiva, aunque llevaba una vena claramente racista.

. . .

A pesar de sus opiniones sobre la raza, era relativamente querido en la ciudad.

Desgraciadamente, al anciano le diagnosticaron un cáncer de colon terminal y le dieron seis meses de vida.

La noticia fue un golpe para la comunidad. El hombre pasó mucho tiempo despidiéndose de la gente y haciendo las paces antes de su último día. La noche en que ocurrió fue fría y clara.

Alrededor de las tres de la madrugada, la policía recibió una llamada de una vecina preocupada que explicaba que no había visto al anciano salir de su casa en un par de días ni ver una luz encendida recientemente. Temiendo lo peor, dos agentes fueron enviados a su casa para ver cómo estaba. Cuando llegaron, varios vecinos se despertaron con las luces del coche patrulla y salieron a ver qué pasaba.

Al darse cuenta de lo que probablemente había sucedido, muchos empezaron a llorar.

. . .

Los dos agentes entraron en la casa del hombre por la puerta principal, tras encontrarla sin cerrar, e inmediatamente fueron recibidos por una enorme cabeza de alce montada en la entrada de la casa. Sus ojos espeluznantes y fijos hicieron que los agentes sintieran que los estaba observando. Pasando por delante y subiendo las escaleras, se dirigieron a la habitación del anciano y lo encontraron tumbado en el suelo junto a su cama todavía hecha.

Comprobaron si tenía pulso y confirmaron que estaba muerto. Entristecidos, llamaron a la comisaría y pidieron que una ambulancia recogiera el cuerpo para entregarlo al forense. En aquel momento, la ciudad sólo contaba con un par de paramédicos, por lo que sólo había uno en el lugar. El paramédico pidió a los dos agentes que le ayudaran a bajar el cuerpo hasta la ambulancia. En ese momento, las cosas empezaron a ser extrañas. Cuando los tres hombres comenzaron a bajar las escaleras con el cuerpo, empezaron a forcejear.

Fue entonces cuando el agente principal se dio cuenta de que había algo diferente en la cabeza de alce que vieron al entrar en la casa; la cabeza ya no estaba erguida como cuando entraron en la casa, sino que estaba girada hacia un lado. Debajo de la cabeza había algo escrito con una letra roja y húmeda: ASUA.

El agente, con los pelos de punta, conocía la palabra por el idioma finlandés que hablaban sus abuelos; "Asua" significa "quedarse" o "permanecer".

Aun así, el agente alargó la mano y arrancó un poco de la sustancia roja de la pared, la olió y se dio cuenta de que era sangre, que goteaba de la cabeza del alce. Asustado, gritó a su compañero y al paramédico para contarles lo que había visto; ellos también entraron en pánico. El paramédico decidió que tenían que sacar el cuerpo de la casa lo más rápido posible y le dijo al primer oficial que abriera la parte trasera de la ambulancia para poder meter el cuerpo rápidamente. Este accedió y corrió hacia la ambulancia, pero justo cuando su pie abandonó el porche delantero, todas las sirenas y las luces de los vehículos empezaron a sonar simultáneamente, creando un espectáculo de luces cegadoras y un ruido ensordecedor que hizo que los vecinos corrieran para alejarse de él.

Totalmente asustado, el agente abrió de un tirón la puerta de la ambulancia y se giró para ver los progresos de su compañero y del paramédico.

. . .

Acababan de conseguir sacar la camilla con el cuerpo al porche delantero cuando, de forma sincronizada, todas las ventanas de la casa implosionaron hacia dentro con un estruendo ensordecedor. El agente que estaba junto a la ambulancia observó cómo se derrumbaba el porche de la casa. No fue como si el porche cediera, sino como si la casa simplemente "cediera". Todo el porche y la fachada de la casa se desplomaron hacia delante con el sonido de la madera desgarrada, creando una pendiente hasta las ventanas del segundo piso.

El polvo se esparció por todas partes y la gente volvió a salir de sus casas para ayudar al agente mientras intentaba encontrar a su compañero y al paramédico. Al rodear el lado del porche derrumbado y meterse en el hueco entre el techo caído y las paredes del porche que aún estaban en pie, encontró a su compañero temblando y balbuceando. Al principio no pudo sacarle mucho sentido; repetía: "¡Se ha sentado!". Tras un rato de calmarlo, el agente consiguió averiguar lo que su compañero presenció. Por lo visto, al bajar el porche, el cuerpo del anciano salió con sus garras de la bolsa para cadáveres y empezó a gritar de forma horrible.

El primer agente revisó la bolsa para cadáveres y, efectivamente, estaba hecha pedazos y el cuerpo estaba sentado, con la cara en un rictus de grito de terror. Horrorizado, el agente arrojó una lona sobre el cuerpo para ocultarlo y fue a ayudar a su compañero, que no volvió a acercarse a la casa.

La otra ambulancia de la ciudad vino a ayudar y llevó al agente y al paramédico a un centro de traumatología para evaluar las lesiones, mientras el primer agente rellenaba el papeleo, aunque lo que escribió no lo sabe nadie.

¿Cómo se informa de que una casa se ha derrumbado por sí sola y de que un cadáver ha salido de una bolsa para cadáveres? Desde entonces, la historia se ha convertido en una leyenda local en el pueblo y la casa sigue tal y como la dejaron aquella noche. Nadie se atreve a perturbarla más.

9

Terror en estancias reales

Ninguna lista de castillos encantados estaría completa sin la infame Torre de Londres, conocida oficialmente como Palacio Real de Su Majestad y Fortaleza de la Torre de Londres.

Esta inquietante fortaleza tiene más de 900 años de antigüedad y se utilizó como prisión durante casi 800 de ellos. Ha sido escenario de intrigas políticas, ambición desmedida, violencia sin sentido y opresión. No es de extrañar que este castillo está lleno de espíritus y manifestaciones fantasmales.

Algún tipo de espíritu merodea por la zona donde se guarda la armadura de Enrique VIII.

Muchos individuos sienten una horrible sensación

de aplastamiento cuando caminan cerca de la armadura, pero esa sensación desaparece en el momento en que salen por las puertas de la torre. Numerosos guardias han informado de sentimientos y emociones terribles que se apoderan de ellos cuando están en la misma habitación que la armadura. Otros dicen tener la sensación de que un demonio salta del techo y les rodea el pecho con sus poderosos brazos con tanta fuerza que apenas pueden respirar. Otros describen el agarre acerado de unas manos alrededor de sus cuellos que les hacen perder la respiración hasta que salen a trompicones de la habitación y la sensación desaparece al instante.

Un guardia patrullaba los alrededores de la Torre Blanca cuando le arrojaron por detrás una capa gruesa y pesada sobre la cabeza y la utilizaron para estrangularlo. Unos fuertes brazos sujetaron la capa alrededor de su cuello y la apretaron constantemente. El guardia se libró del ataque a tiempo de salvar su vida; cuando se despojó de la capa, vio que estaba bastante solo. No había habido tiempo para que alguien corriera a esconderse y su atacante no era visible a simple vista. Durante los días siguientes, se pudieron ver en su cuello unas ronchas rojas visibles, que evidenciaban que su atacante invisible era demasiado real.

. . .

Un joven de guardia estaba trabajando solo en la Torre una noche. Al notar que uno de sus cordones estaba desatado, se detuvo para rectificar la situación. Mientras estaba arrodillado en el suelo cerca de la armadura, una voz masculina le habló claramente: "Aquí sólo estamos tú y yo". Se giró para mirar detrás de él, con el arma desenfundada, sólo para descubrir que estaba bastante solo.

Salió rápidamente de la habitación. ¿Era Enrique VIII quien le hablaba?

Descubrirás que la ambición y la falta de corazón de Enrique son responsables de varias de las apariciones en la Torre de Londres. Dondequiera que se encuentre su armadura, ocurren estos mismos tipos de embrujos violentos y agresivos. ¿Acaso el espíritu del infame, violento y sangriento rey Enrique VIII sigue acechando cerca de su armadura en busca de objetivos para su animosidad incluso desde el más allá?

Lady Jane Grey era la esposa de Guilford Dudley. Era sobrina nieta de Enrique VIII y se intentó demostrar que era la legítima heredera al trono, lo que resultó ser su perdición.

. . .

María I era la hija del rey Enrique VIII; tras casarse y ser coronada reina, condenó a muerte a Lady Grey y a su marido.

Lady Jane Grey sólo tenía 16 años cuando ella y su marido fueron decapitados, junto con varios miembros masculinos de su familia. Se dice que Guilford fue ejecutado primero y que sus restos fueron llevados junto a la celda donde Jane estaba encarcelada. Cuando la llevaron al bloque del verdugo para decapitarla, le costó entender dónde la iban a colocar, ya que tenía los ojos vendados.

Confusa y aterrorizada, gritó: "¿Qué debo hacer? ¿Dónde está?" Un miembro de la multitud la guió hasta el bloque de ejecución donde fue decapitada.

El fantasma de la joven Lady Jane Grey ha sido visto vagando entre las almenas, pero el último avistamiento fiable fue en 1957. Su marido, Guilford, ha sido visto en la torre Beauchamp, donde llora hasta el amanecer. También se cree que es el responsable del nombre "Jane" grabado en las paredes.

. . .

Uno de los más trágicos embrujos es, sin duda, el relacionado con Eduardo y Ricardo, de 12 y 10 años, que fueron las desafortunadas víctimas de la agitación y la rivalidad política. Estos dos jóvenes príncipes fueron declarados ilegítimos por el Parlamento y cruelmente condenados a la Torre de Londres. A pesar de sus lamentables condiciones, a menudo se les veía jugar en el recinto y divertirse, hasta que un día desaparecieron repentinamente. Se supuso que su tío y tutor, el duque de Gloucester, los había asesinado para que no supusieran una amenaza para sus ambiciones políticas.

Muchos años después, se estaba trabajando en una escalera de la Torre Blanca. Cuando se subieron los escalones, se descubrió un cofre que contenía los esqueletos de dos jóvenes. La creencia común era que eran los cuerpos de los jóvenes príncipes. El actual rey, Carlos II, hizo enterrar sus huesos en la Abadía de Westminster. En los alrededores de la Torre todavía se oye el sonido de niños pequeños jugando y riendo, así como un par de niños vestidos de época que se ven a menudo jugando en las almenas del castillo. Sin embargo, la mayoría de los avistamientos de sus fantasmas no son tan agradables.

Muchos visitantes y empleados han informado de que han visto a dos chicos jóvenes, vestidos con ropa de dormir de la época, aferrándose el uno al otro aterrorizados. A menudo se les ve entrar en las habitaciones y luego fundirse en las paredes. ¿Sus fantasmas siguen viviendo con miedo o es simplemente un eco de la noche en que perecieron a manos de su tío?

También se sabe que hacen fotos a los turistas dentro de la Torre Blanca. En un caso concreto, una turista estaba haciendo fotos cuando descubrió el rostro de un joven fantasma entre los de su hija y su novio. La cara no se vio hasta que la familia volvió a casa y revisó las fotos. En otro incidente, una fotógrafa psíquica pudo tomar fotografías en las que cree que se ven los dos niños.

Margarita de la Pole, condesa de Salisbury, fue otra víctima de la ambición sangrienta y la política despiadada. Su hijo era un cardenal que tuvo el valor de denunciar al rey Enrique VIII como cabeza de la Iglesia de Inglaterra. Cuando el rey se enteró de esta denuncia, estaba dispuesto a vengarse, pero el cardenal estaba en Francia y fuera de su alcance. Por desgracia, la madre del cardenal, Margarita, no estaba.

Enrique descargó su ira y su venganza contra Margarita, de setenta años.

Fue llevada al patíbulo donde sería decapitada.

Cuando se le ordenó arrodillarse, se negó valientemente, diciendo: "Así deben hacer los traidores, y yo no lo soy". Cuando el verdugo levantó su enorme y reluciente hacha, Margarita echó a correr. Escapó temporalmente, pero el verdugo, enfurecido, la persiguió, blandiendo repetidamente su hacha hasta que su cuerpo se desplomó y sus gritos fueron silenciados.

Hasta el día de hoy, se oyen gritos espantosos en las inmediaciones de su muerte y muchas personas han visto la sombra de un hacha cayendo. Un puñado de visitantes muy sensibles ha tenido la desgracia de presenciar una representación espectral de su muerte de pesadilla.

El rey Enrique VI era el hijo del rey Enrique V y otra persona que cayó víctima de la política y la ambición dentro de la Torre de Londres. Fue encarcelado en la Torre de Londres por la Casa de York, donde permaneció hasta su muerte. Algunas historias dicen que la causa de su muerte fue un corazón y un espíritu roto, pero la historia cuenta una historia diferente.

. . .

Cuando Eduardo subió al trono, ordenó el asesinato de Enrique para que no supusiera una amenaza continua para el nuevo rey. Las órdenes se cumplieron rápidamente y fue apuñalado hasta la muerte mientras estaba arrodillado en oración. El lugar de su asesinato fue la Torre de Wakefield, donde aparece cada año en el aniversario de su trágica muerte, el 21 de mayo, aunque su espíritu desaparece de la vista al filo de la medianoche.

Uno de los primeros fantasmas de los que se tiene noticia en la Torre de Londres fue el del arzobispo Thomas Beckett. Al parecer, hace muchos años unas obras perturbaron su descanso y comenzó a hacer apariciones. En una manifestación especialmente aterradora, sostuvo una cruz en la mano para destruir un muro recién construido, reduciéndolo a escombros. Enrique III sospechó que su abuelo era el responsable de la prematura muerte de Beckett, por lo que construyó una capilla en su honor. No hubo más interrupciones de la construcción en esa zona.

Thomas Beckett hizo otra interesante aparición cuando se estaba construyendo la Puerta del Traidor durante el reinado de Eduardo I. Los trabajadores de la construcción montaban el arco sólo para encontrarlo en pedazos al día siguiente. Esto ocurría repetidamente, y continuaba sin importar lo enfadado que estuviera Eduardo I.

Una noche, sin embargo, algunos lugareños descubrieron lo que estaba sucediendo: El fantasma de Thomas Beckett estaba desmontando el arco a mano, ladrillo a ladrillo, durante la noche.

Cuando esta noticia fue transmitida a Eduardo I, éste la rebautizó como "Puerta de Santo Tomás" y los trabajadores de la construcción no tuvieron más problemas con ella.

La reina Ana Bolena fue una de las desafortunadas esposas del infame Enrique VIII. Acusada de delitos que no cometió, entre ellos incesto con su hermano y adulterio, fue encarcelada y luego decapitada en la Torre de Londres.

Algunos testigos oculares de la época afirman que sus ojos y labios siguieron moviéndose después de que su cabeza fuera separada del cuerpo. Su espíritu no está en paz y no sólo se la ha visto cerca de la vista de su ejecución, sino que también se la ha visto dirigiendo una procesión de fantasmas compañeros por un pasillo de la capilla.

. . .

Un empleado de la Torre pasaba por la capilla cuando vio luces. Al asomarse, se sorprendió al ver una procesión majestuosa encabezada por Ana Bolena (a la que reconoció por sus pinturas y retratos). En esta procesión había caballeros vestidos con armadura, así como damas y caballeros bien vestidos. Estas figuras fantasmales la seguían por el pasillo de la capilla, vestidas con sus galas como si participaran en una procesión de gran importancia. En unos instantes, todo el grupo desapareció y la capilla volvió a quedar sumida en la oscuridad.

Sin embargo, a menudo aparece en la capilla sola, cerca del altar, donde fue enterrada en 1876, cuando la reina Victoria mandó trasladar su cuerpo a un lugar de enterramiento más apropiado que su tumba original sin nombre bajo los adoquines del coro (1836). También se ha visto su cuerpo sin cabeza rondando los pasillos de la Torre de Londres. Un guardia tuvo un encuentro especialmente inquietante con su fantasma en la Torre, donde estuvo encarcelada antes de su ejecución.

Un guardia de guardia en el castillo entró en una de las habitaciones a altas horas de la noche y vio una figura oscura y encapuchada caminando hacia él.

. . .

Bajó su bayoneta y ordenó al intruso que se detuviera, pero éste continuó en línea recta hacia él con una aproximación amenazante, cargando contra él, la bayoneta del guardia se hundió en el cuerpo. Inmediatamente, se dio cuenta de que cuando la capucha cayó hacia atrás no había cabeza y se encontró al otro lado de la habitación en el suelo y la figura había desaparecido.

Al mirar su reloj, se dio cuenta de que había estado inconsciente durante un tiempo considerable. El guardia estuvo a punto de ser sometido a un consejo de guerra por dormirse en el trabajo, pero varios de sus compañeros se presentaron para corroborar su historia con sus propios relatos de encuentros con el inquieto e infeliz fantasma de la reina Ana. No es de extrañar, teniendo en cuenta lo que le ocurrió, que no fuera muy amable con un guardia de la Torre de Londres.

Lady Arbella Stuart era la esposa de William Seymour, pero su matrimonio no sentó bien al rey Jaime I porque no pidieron su permiso previo para casarse. William fue enviado a la Torre de Londres como castigo, mientras que Arbella fue puesta bajo arresto domiciliario.

Inmediatamente, Arbella se puso a trabajar en la elaboración de un plan para ayudar a su marido a escapar de la Torre y poder empezar una nueva vida en Francia. Sin embargo, el plan fracasó cuando Guillermo no se presentó a tiempo. Arbella partió sola hacia Francia, pero no iba a permanecer libre por mucho tiempo. Rápidamente fue reconocida y enviada de vuelta a Inglaterra.

Esta vez no fue un arresto domiciliario para Arbella, sino una larga estancia en la Torre de Londres. Entretanto, Guillermo había conseguido abrirse camino hacia la libertad en Flandes. Arbella permaneció en la Torre hasta su muerte, aunque se cree que pudo ser asesinada.

Su fantasma se manifiesta en la Casa de la Reina, la habitación en la que permaneció hasta su muerte. También aparece en los terrenos que rodean la Torre, donde llora y se lamenta. El fantasma de Arbella puede reconocerse en las pinturas; se cree que es responsable de un ataque al gobernador de la Torre a principios de la década de 2000. Un par de manos invisibles empujaron a la gobernadora con tanta fuerza que la expulsaron de uno de los dormitorios y la sacaron al pasillo.

Ya en 1210, el rey Juan instaló en la Torre de Londres una colección de animales, o pequeño zoo, para su disfrute y entretenimiento, en el que a menudo se enfrentaban entre sí en peleas para beneficio de los invitados reales. En 1832, el duque de Wellington decidió trasladar a los animales a un zoo adecuado, donde estarían bien cuidados y ya no serían objeto de abusos. Sin embargo, los fantasmas de los animales parecen haber permanecido cerca de la Torre de Londres.

Los visitantes han informado de que oyen sonidos de animales, en particular gritos de monos y rugidos de leones, cuando no hay nada que explique estos sonidos. Algunas personas han oído el golpeteo de los cascos de los caballos sobre los adoquines y han escuchado su fuerte respiración, pero no hay nada que pueda ser visto.

En un incidente, un guardia de la Torre abrió una puerta cuando vio que salía humo del suelo debajo de ella. Al abrir la puerta, el humo se juntó en forma de un oso muy grande y enfadado. En defensa propia, el guardia bajó su bayoneta y cargó, sólo para que el enorme oso desapareciera de la vista cuando la bayoneta atravesó su cuerpo. El joven se desplomó y murió dos días después. Hicieron falta dos hombres para sacar la bayoneta de la puerta, pues estaba profundamente clavada.

No se puede imaginar el terror que experimentó este joven al clavar su bayoneta con tanta fuerza y morir tan tristemente después.

En los años ochenta, un joven empleado de la Torre de Londres estaba descansando y leyendo un periódico de espaldas. Se sobresaltó bastante cuando entraron un par de hombres, ambos de aspecto bastante frágil y fumando pipas de arcilla en la Torre Byward. Cuando pasaron junto al guardia, uno de ellos giró la cabeza para mirar al sorprendido joven antes de que simplemente desaparecieran de su vista.

Otra aparición en la Torre de Londres es conocida simplemente como La Dama Blanca, que se ve a menudo en los alrededores de la Torre Blanca. Principalmente los niños han visto a esta mujer rubia y de piel vestida con túnicas blancas que les saluda desde las ventanas de lo alto de la Torre Blanca. Nunca se ha encontrado a nadie presente en esas habitaciones cuando se la ha visto.

Algunas personas perciben el abrumador aroma de un perfume barato y florido, que también se asocia con ella.

. . .

Algunos dicen que su presencia les produce escalofríos, mientras que otros se quejan de una horrible sensación de que el mundo se cierra rápidamente a su alrededor. Su verdadera identidad sigue siendo desconocida.

En varias zonas del castillo, los visitantes han informado de la sensación de que alguien les toca el hombro, como si quisiera llamar su atención. Cuando se giran, no hay nadie. Se desconoce el propósito de este toque, aunque parece ser más un gesto amistoso que malicioso.

Las palabras "Torre de Londres" suelen evocar una sensación de peligro y tortura, y no sin razón. Si visitas este enorme castillo, no te sorprendas de nada de lo que veas, sientas u oigas. Los fantasmas no son tímidos y han encontrado diversas formas de hacer notar su presencia.

Si tú eres del tipo sensible, sería conveniente evitar los terrenos de ejecución o pasar de una visita que te lleve junto a la armadura del infame rey Enrique VIII. De lo contrario, es posible que recibas más de lo que esperaba.

10

El fantasma del circuito de Stocksbridge

Una de las interacciones más famosas que la policía ha tenido con lo sobrenatural proviene de Inglaterra, en la antigua ciudad industrial de Stocksbridge. Fue uno de los pocos incidentes investigados oficialmente por la policía y hoy sigue considerándose formalmente un caso sin resolver.

A finales de los años 80, se decidió que para detener la gran cantidad de tráfico que atravesaba la ciudad de Stocksbridge, se construiría un circuito alrededor de la misma. Sin embargo, tan pronto como se inició la construcción, inmediatamente empezaron a sucederse una serie de extrañas historias.

. . .

Un corredor y su hijo vieron a una misteriosa figura sin cabeza correr por la vía delante de ellos; un matrimonio que conducía cerca de la construcción de la circunvalación vio a una figura corriendo por un campo, excepto que sus pies no tocaban el suelo.

Todo esto y mucho más se informó en el período previo al incidente más famoso, en el que la policía se encontró cara a cara con lo que quiera que sea que persiga esa zona hasta el día de hoy. Una noche, el 8 de septiembre de 1987, dos guardias de seguridad contratados para patrullar las obras de construcción de la circunvalación estaban haciendo su ronda. Ambos eran guardias de seguridad experimentados que llevaban varios años trabajando en ese puesto y nunca se habían inmutado por nada a lo que se hubieran enfrentado durante ese tiempo. También habían trabajado juntos antes, y cada uno conocía al otro relativamente bien.

Sin embargo, esa noche vieron algo que cambiaría su perspectiva de la zona. Al final de su patrulla, vieron algo extraño: un grupo de niños que jugaban debajo de una de las torres de alta tensión cerca de la obra. Era más de medianoche, en una noche fría y húmeda, y ningún padre dejaba salir a sus hijos, pero un grupo entero jugaba como si fuera lo más normal del mundo.

Además, los niños no estaban cerca de ninguna de las casas del pueblo, que se encontraban a más de un kilómetro de distancia, y también parecían ir disfrazados o con ropa de hace mucho tiempo.

Desconcertados, los dos guardias observaron a los niños jugar durante un rato antes de decidir que la zona en la que se encontraban era demasiado peligrosa y que debían llevarlos a casa. Los guardias se bajaron del coche y se dirigieron hacia donde estaban los niños, perdiéndolos de vista brevemente debido a los montones de tierra de la construcción. Sin embargo, cuando llegaron a la zona donde vieron a los niños, no había nadie. No sólo eso, sino que tampoco había ninguna prueba de que los niños hubieran estado allí: ni huellas, ni hierba pisada, ni sonidos de ellos más allá. A pesar de haberlos perdido de vista por un momento, el área alrededor del pilón era un campo plano sin cobertura. Incluso si los niños se hubieran dispersado y escapado, los guardias habrían podido descubrirlos fácilmente.

Asustados, volvieron a su coche, pero no pensaron demasiado en ello hasta el día siguiente, cuando hablaron con algunos de los constructores que vivían cerca del lugar.

· · ·

Informaron a los guardias de que habían oído reír y jugar a los niños en plena noche y que también los habían visto debajo del pilón. Alrededor de la misma hora la noche siguiente, con los mismos guardias de patrulla conduciendo desde el pueblo hasta debajo de la circunvalación de la construcción cuando creyeron ver a alguien en la obra.

Pensando que tal vez se trataba de ladrones de cobre que intentaban llevarse el cableado de las farolas, se dirigieron allí rápidamente para enfrentarse a ellos. Cuando llegaron allí, vieron lo que parecía ser un hombre vestido de monje de pie cerca de una de las paredes. Sintiendo el mismo tipo de escalofríos que la noche anterior, se dirigieron hacia él y encendieron las luces altas, con la esperanza de confirmar lo que estaban viendo. Cuando lo hicieron, dijeron que la luz parecía atravesarlo, sin proyectar ninguna sombra, y luego desapareció justo delante de ellos.

Asustados y aterrorizados, volvieron al cuartel general y llamaron a su jefe, Peter Owens, para que acudiera al lugar. Llegó alrededor de las cuatro de la mañana y describió que al entrar en la habitación encontró a dos hombres grandes y duros a los que conocía desde hacía años, temblando y pálidos.

Al parecer, uno de ellos lloraba abiertamente. Le

contaron a Owens lo que habían visto esa noche y la anterior y le pidieron que les ayudara.

Sin saber qué más hacer, llamó a la comisaría de policía local, que fue atendida por el jefe Ellis, quien se rió y sugirió que no era realmente un asunto policial y que tal vez podría recurrir a un sacerdote en su lugar. El jefe Ellis no sabía que sus palabras se volverían en su contra al día siguiente, cuando recibió una llamada del párroco local pidiéndole que por favor bajara a retirar a los dos grandes y aterrorizados guardias de seguridad que estaban allí.

Se habían presentado a primera hora de la mañana, prácticamente aporreando la puerta, y se negaban a marcharse. Además, exigían que el sacerdote realizara un exorcismo en la obra, ya que estaban convencidos de que el lugar era maligno. Ante esto, el jefe Ellis decidió investigar el problema y ver si podía llegar al fondo de lo que estaba pasando.

Esa misma noche, él y el agente especial John Beet se dirigieron a la obra para investigar. Ambos se mostraban muy escépticos, pero tenían la suficiente curiosidad por ver qué pasaba.

Se detuvieron más o menos en la misma zona en la

que los guardias habían dicho haber visto la figura la noche anterior y empezaron a charlar sobre lo que sabían hasta el momento. A sus ojos, se trataba de un divertido caso en el que los guardias habían dejado volar su imaginación. Stocksbridge está impregnada de un viejo folclore sobre apariciones y avistamientos de cosas extrañas, y es casi seguro que los guardias conocían muchas de estas historias en ese momento.

Era famosa la historia de un viejo monje que había abandonado su fe al desilusionarse con la iglesia y había sido enterrado en suelo no consagrado, maldito a vagar desde entonces. Era una gran historia de fantasmas, sin duda, pero el hecho de que hubiera aumentado hasta el punto de que dos oficiales estuvieran investigando les parecía totalmente ridículo. La noche era cálida y habían bajado las ventanillas del coche para que circulara el aire mientras estaban sentados, observando, pero sin esperar que pasara nada.

Sin embargo, al cabo de un rato, notaron algo extraño en el puente que tenían delante. Parecía que algo se movía por encima de él.

Queriendo asegurarse de que no estaban viendo cosas, Ellis salió del coche y fue a investigar. Se subió a una escalera en la parte superior del puente, sin saber si realmente había algo en las historias de los guardias. Sin embargo, rápidamente se demostró que estaba equivocado, ya que resultó ser sólo un trozo de lona suelto que se agitaba con el viento.

Tras pesarlo para que dejara de ondear, volvió al coche y él y Beet se rieron de haberse asustado por una lámina de plástico. Fue entonces cuando Ellis empezó a sentir, según describe, como si alguien hubiera pasado por encima de su tumba. El aire a su alrededor se volvió frío y un escalofrío le subió por la espalda.

Pensando que podría ser sólo el viento, pidió que subieran las ventanillas del coche, pero al hacerlo, la sensación de frío empeoró. De repente, sintió que había alguien a su lado, justo fuera del coche. Al girarse rápidamente, se sobresaltó al ver que el torso de alguien estaba tan cerca de él que casi se apretaba contra el cristal de la ventanilla.

Describe que estaba tan cerca que podía ver claramente la "V" blanca creada por la ropa de la persona sobre una camiseta blanca.

En cuanto registró lo que vio, la figura desapareció

e inmediatamente reapareció en la misma posición, pero al lado de John Beet. John gritó conmocionado y trató de alejarse de ella, pero la figura volvió a desvanecerse casi inmediatamente. Aterrorizado, pero queriendo creer que sólo era alguien que estaba gastando una broma, Ellis saltó del coche, queriendo atrapar a quienquiera que fuera que habían visto, pero no encontró a nadie. No había huellas en la grava, ni sonido de alguien huyendo, y con los terraplenes a ambos lados de ellos, podrían ver si alguien intentaba escapar. Ellis describió que incluso se había puesto boca abajo para comprobar debajo del coche, pero seguía sin haber nadie. Asustados, los dos hombres decidieron marcharse. Ellis volvió a entrar en el coche e intentó arrancarlo, pero no se puso en marcha.

Lo intentó una y otra vez, sintiendo más y más pánico cada vez que fallaba. Al mismo tiempo, la sensación de frío empeoraba. Después de múltiples intentos, cada vez más aterrados, consiguió que el coche arrancara y decidieron abandonar la zona y dirigirse a la zona central de construcción para recuperarse. Se detuvieron e inmediatamente trataron de llamar por radio a la comisaría, pero descubrieron que sus radios no funcionaban; lo único que recibían era una especie de estática zumbona.

. . .

Entonces se oyó un fuerte golpe en la parte trasera del coche que lo sacudió como si hubiera sido golpeado con algo. Al girarse, no vieron a nadie, pero el ruido volvió a sonar como si alguien hubiera golpeado el coche con el mango de un pico o un martillo. Totalmente asustado, pero también decidido a ver qué estaba causando esto, Ellis abrió con cautela la puerta del coche para comprobar lo que había alrededor.

A continuación, se produjo otro golpe tan fuerte que hizo que el coche se tambaleara sobre su suspensión. Habiendo perdido cualquier atisbo de autocontrol, Ellis cerró la puerta de golpe y trató de arrancar el coche de nuevo, necesitando varios intentos mientras el coche seguía siendo sacudido antes de que el motor finalmente cobrara vida. Pisó el acelerador y salió de la obra, huyendo de la zona y de la presencia atacante y maligna que acechaba.

Cuando volvieron a la comisaría, pálidos y temblorosos, contaron a sus compañeros lo sucedido y redactaron informes oficiales sobre el incidente que pueden leerse hasta hoy. En el informe, Ellis describió el miedo: "No era el que uno tiene cuando está a punto de encontrarse con un peligro, sino algo peor; era del tipo que no se puede controlar en absoluto... una sensación de "pavor"".

Hasta el día de hoy sigue habiendo informes sobre apariciones fantasmales en la circunvalación de Stocksbridge, pero nadie ha sido capaz de explicar lo que los dos guardias o Ellis y Beet vieron aquellas noches.

11

La historia embruja; la historia de tres castillos antiguos

El castillo Fraser de Escocia es conocido por tres cosas: su ilustre diseño en forma de Z, su historia, a veces brutal, y los fantasmas que aún reclaman el majestuoso castillo y sus hermosas tierras. Asesinatos, traiciones, ejecuciones y todo tipo de intrigas políticas formaron parte de este castillo escocés.

Según la leyenda, una joven princesa estaba de visita en el castillo cuando fue asesinada. Dormía plácidamente en su cama, en la Sala Verde, sin darse cuenta de que alguien estaba planeando su muerte. La mataron en su cama, pero cuando los asesinos arrastraron descuidadamente su cuerpo aún sangrante por una dura escalera de piedra, dejaron un rastro manchado de sangre.

. . .

Por mucho que los sirvientes intentaran eliminar estas manchas delatoras, volvían a salir inexplicablemente a la superficie de la piedra.

Finalmente, recurrieron a cubrir las escaleras con paneles de madera, supuestamente, los mismos paneles de madera que las cubren hasta hoy.

Aunque consiguieron tapar las manchas de sangre, el brutal acto no iba a quedar en secreto. Esta infeliz joven sigue acechando las paredes y los pasillos del castillo Fraser hasta el día de hoy; a veces susurra en voz baja con un grueso acento escocés a los visitantes desprevenidos.

Otro fantasma del castillo Fraser es Lady Marie Augusta Gabrielle Berenere Blanche Drummond. Falleció en 1874, pocos años después de su matrimonio con Frederick Mackenzie Frazer. Se cree que la causa de su muerte fue la tuberculosis.

Aunque pasó de esta vida, ha permanecido tanto en los terrenos del castillo como en su interior.

. . .

Lady Drummond se manifiesta con un largo y vaporoso vestido negro, tal y como lo llevaba en vida, y parece preferir la escalera como su lugar favorito. Aunque su marido se volvió a casar, ella sigue considerándose la señora del castillo.

También hay otras manifestaciones fantasmales. Muchos visitantes y el personal han escuchado los sonidos de susurros incorpóreos, voces desconocidas y música de piano inquietante. Otros han oído a niños reír, jugar, cantar y divertirse, incluso cuando no hay niños en el recinto. Esto parece ocurrir con más frecuencia cerca de la cocina del castillo y a veces va acompañado del sonido de un adulto que canta con voz apagada.

Algunos creen que estas voces incorpóreas pueden estar relacionadas con lo que se conoce como The Lairds Lug, un sistema de escaleras ocultas, agujeros y escotillas que se encuentran dentro de los muros y que permitían al señor del castillo escuchar a escondidas a la familia, los sirvientes y los visitantes.

El castillo de Fraser es un lugar pintoresco de la historia de Escocia, pero si lo visita tenga en cuenta que algunos de los residentes de épocas pasadas siguen por aquí.

Se cree que los fantasmas son bastante amistosos y le harán daño; si oye el sonido de voces de niños o ve a Lady Blanche, recuerde que tienen más derecho a estar allí que usted.

Otro famoso castillo embrujado es el de Leap, en Irlanda, cuya antigüedad puede remontarse a los años 1200. Al igual que la mayoría de los castillos europeos, su historia está plagada de derramamiento de sangre y agitación.

Además, el castillo de Leap se construyó sobre un emplazamiento druida utilizado para ceremonias de iniciación.

Una de las víctimas del derramamiento de sangre que encontró su fin entre los muros del castillo de Leap fue un sacerdote, Thaddeus O'Carroll. Cuando su padre, jefe del clan O'Carroll, murió sin nombrar un sucesor, dejó un vacío de poder. Thaddeus fue asesinado por el extremo afilado de una espada por su hermano, Teighe, mientras celebraba una misa familiar. Cayó sobre el altar de la capilla y murió.

. . .

Como suele ocurrir con las víctimas de asesinatos, está todo menos en reposo.

Desde entonces, se han visto sombras misteriosas en la región del castillo donde residía. Estas sombras no tienen sentido ni parecen estar ligadas a nadie en el reino físico.

Imagina que estás paseando por el castillo en una visita guiada, disfrutando de la belleza y la historia que ofrece. El guía turístico te lleva a un callejón mientras miras a tu acompañante masculino. Para tu horror, ves a una mujer vestida con un largo y vaporoso vestido escarlata que levanta una amenazante daga, como si estuviera a punto de atacar a tu amigo. Gritas y lo alejas, pero ella desaparece al instante. Te quedas perplejo y tu acompañante se avergüenza de tu comportamiento hasta que el guía te explica que probablemente acabas de tener un encuentro con La Dama Roja.

Se cree que fue una joven capturada y violada repetidamente por miembros de la familia gobernante, los O'Carroll. Por si fuera poco, más tarde se quedó embarazada y tanto su vida como la de su hijo fueron cruelmente arrebatadas, aunque algunos dicen que mató al niño y luego a sí misma. Muchos creen que el cuchillo que empuña es el mismo que utilizó para quitarse la vida.

Otro grupo que tuvo una muerte prematura a manos del clan O'Carroll fue el de los McMahon. Fueron invitados a lo que creían que era una fiesta para celebrar la victoria de los McMahon sobre el rival de los O'Carroll, pero el verdadero propósito de la fiesta era envenenar a los McMahon. Sus fantasmas han sido vistos vagando por los terrenos del castillo.

Otra historia trágica asociada al castillo de Leap es la de la pequeña Emily, una niña de 11 años que cayó a la muerte desde uno de los muchos muros altos del castillo en la década de 1600. Su pequeño cuerpo quedó aplastado y se rompió en el suelo, pero su espíritu sigue muy activo. Parece que se reunió con su hermana Charlotte en la muerte y las dos siguen jugando muy activamente en los terrenos del castillo.

No es raro ver a la pareja jugando alegremente en el vestíbulo o en la escalera, a veces subiendo y bajando las escaleras como si no tuvieran ninguna preocupación en el mundo. Sin embargo, algunos visitantes han visto una visión mucho más oscura: una joven cayendo desde una de las almenas y desapareciendo antes de llegar al suelo.

Otros han visto la forma de una joven arrastrándose, con sus piernas rotas e inútiles detrás de ella.

Un avistamiento recurrente en el recinto del castillo se produce cerca de una escalera. Los visitantes han visto a un hombre grande, de hombros anchos y poderosos, empujando un enorme barril de madera por la escalera.

Tan pronto como llega a la cima de la escalera con gran esfuerzo, el barril vuelve a rodar hacia abajo.

Los testigos han visto cómo el barril llega al final de la escalera, pero entonces el hombre y el barril desaparecen de la vista. No se encuentra ningún otro rastro de ellos hasta que deciden hacer otra aparición. Basándose en las descripciones de su tamaño, sería bastante difícil no verlo.

Hay un "Eso" en el castillo, pero no como los que has encontrado antes. Visualiza que está de guardia en el castillo cuando huele algo horrible. Te giras y olfateas un par de veces para intentar averiguar de dónde procede el olor.

Al dar unos pasos hacia la izquierda, el olor se vuelve tan abrumador que te encuentras inclinado y con arcadas. Al levantar la cabeza, ves una forma oscura en las sombras.

Todavía con náuseas, intentas mantener la vista en ella; tiene el tamaño y la forma de una oveja, pero no tiene ojos. El olor acaba remitiendo, aunque tu estómago ya ha vaciado su contenido y la visión ha desaparecido.

Nadie ha proporcionado una descripción clara de él, aparte de que tiene el tamaño de una oveja bastante delgada y crecida y su cara parece estar pudriéndose, pero es inquietantemente similar a la de un humano. También le faltan los ojos, que han sido sustituidos por inquietantes charcos negros de absoluta oscuridad.

Se manifiesta con un horroroso olor a carne podrida y descompuesta y a azufre que provoca náuseas. Algunos se refieren a él como un Elemental, pero su naturaleza exacta sigue siendo un misterio desconcertante.

Algunos creen que esta aberración se produjo como resultado de Mildred Darby, una de las propietarias más recientes del castillo y la primera en ver la visión, y su preocupación por el ocultismo y las artes oscuras.

Otros insisten firmemente en que fue colocado en la tierra por los druidas para protegerlo y que los esfuerzos de Mildred en el espiritismo lo despertaron de nuevo.

Uno de los propietarios modernos del castillo fue un historiador australiano llamado Peter Bartlett. Cuando empezó a restaurar el castillo, parece que los espíritus residentes se agitaron tanto que las manifestaciones paranormales empezaron a descontrolarse. Después de presenciar la actividad poltergeist, se dice que Bartlett contrató los servicios de una bruja blanca para expulsar a los numerosos espíritus persistentes en torno al castillo.

Afirma que los espíritus prometieron que no causarían problemas y suplicaron que se les permitiera quedarse.

Bartlett falleció antes de poder terminar las restauraciones.

. . .

El siguiente grupo en comenzar las renovaciones del castillo fue el de los Ryan.

Se encontraron con bastantes cosas extrañas y accidentes peligrosos, incluyendo roturas de tobillos y rótulas, pero siguieron adelante con la restauración. Una vez terminada, hicieron bautizar a su recién nacido en la Capilla de la Sangre.

Los fantasmas que residen en el Castillo Leap llevan muchos años allí y no tienen intención de irse. No se sabe con quién o qué se puede encontrar en una visita, ya sea con el Hombre del Barril, que parece no conseguir nunca llevar ese barril a su destino final, o con It, un encuentro que puede dejarle mentalmente marcado de por vida. Afortunadamente, estos fantasmas no parecen querer hacer mucho daño a los visitantes, siempre que se recuerde ser respetuoso con su castillo.

El castillo de Eltz es otro castillo europeo que data del siglo XII y que pertenece a la familia Eltz desde hace treinta y tres generaciones. Situado en lo alto de una colina, en una isla casi aislada, algunos se preguntan si este aislamiento físico tiene algo que ver con sus fenómenos paranormales. Su apariencia gótica de cuento de hadas puede ser engañosa, ya que alberga una historia oscura.

La condesa Agnes Eltz no era una condesa estereotipada; desde que era una niña, se la describía como toda una marimacho. Prefería actuar y vestirse de la misma manera que sus hermanos. Mientras la mayoría de las niñas de la nobleza se entregaban a fiestas de té imaginarias, Agnes jugaba a ser caballero.

Murió defendiendo su castillo de un pretendiente que ella consideraba indeseable. Su padre la había prometido en matrimonio al caballero de Braunsberg, pero después de conocerlo no le pareció un futuro marido adecuado. Sin embargo, la decisión de su padre se mantuvo. A lo largo de los años se encontraron, pero Inés ignoraba a su prometido, como si pudiera hacer que desapareciera.

Cuando se acercó el momento de su matrimonio, él se hartó de su comportamiento; durante una fiesta en la que celebraban sus próximas nupcias, agarró a Agnes, la arrastró a la pista de baile y la besó a la fuerza. Ella le dio una fuerte bofetada en la cara, lo que provocó que él arrojara sus guantes a los pies de la familia, una amenaza, y se alejara.

Unos meses más tarde, él y sus hombres volvieron a asediar el castillo; sin embargo, esperó a que los hombres de la familia estuvieran fuera en un viaje de caza. Agnes decidió defender la fortaleza de su familia y se puso la armadura de su hermano para luchar. Cargó contra su ex-prometido cuando éste entró en su casa. Lucharon y él la mató, sin darse cuenta de quién era el que llevaba la armadura hasta que le quitó el casco. Imagina su sorpresa cuando el objeto de sus afectos fue asesinado por su propia mano.

Hasta el día de hoy, la coraza y el hacha de batalla de Agnes se exhiben en la que fue su habitación. Nunca se alejó demasiado de sus armas, lo que parece continuar hasta hoy. Se dice que recorre los pasillos a altas horas de la noche, como si estuviera de guardia. Las puertas se abren y se cierran misteriosamente y el personal suele encontrar puertas cerradas sin llave y viceversa.

El patrón con el que se desbloquean estas enormes y antiguas puertas de madera sugiere que alguien recorre los terrenos para mantener la seguridad del castillo. Además, los objetos se trasladan de la noche a la mañana y no sólo los pequeños, como un jarrón o un libro, sino también los enormes cañones que se exhiben en todo el castillo, lo que requiere una cuadrilla de hombres para moverlos con éxito.

Hay quien dice que el Caballero de Braunsberg sigue rondando el castillo, angustiado por cómo sucedieron las cosas con Agnes. Nunca se le volvió a ver después de matar a Agnes en la batalla, pero muchas veces por la noche la gente ve la figura de un caballero que va y viene en su caballo delante del castillo, como si esperara que alguien saliera a hablar con él. ¿Está esperando a Agnes, quizás?

El honor y la protección de la familia eran muy importantes para los Eltz, especialmente para Agnes. Es significativo que esta joven mujer se sintiera tan segura de la santidad de su hogar que aún hoy lo protege, aunque en su época esta tarea rara vez recaía en las damas de la casa. Si visitas el castillo de Eltz, especialmente por la noche, no te asustes si te encuentras con la condesa Agnes; sólo recuerda ser respetuoso con su casa y todo irá bien.

12

Escritos en las paredes

El norte de Inglaterra fue en su día un importante centro industrial, pero el cambio de orientación económica de los años 70 y 80 alteró las otrora prósperas ciudades industriales y las destruyó. Ahora sólo quedan los cascos rotos de granjas, minas, plantas de fabricación y otros, que ensucian el paisaje, un testimonio de los tiempos cambiantes. Como resultado, mucha gente se mudó de estos pueblos a las grandes ciudades, dejando lugares tranquilos y deteriorados.

Trabajar como policía en estas zonas puede ser a veces un asunto aburrido, especialmente por la noche. Aparte de algún borracho ocasional, es raro tener alguna llamada que investigar.

• • •

Cuando la noche es tranquila, los agentes suelen aparcar en un lugar favorito para pasar el tiempo, que es exactamente lo que hicieron los dos agentes de esta historia, salvo que obtuvieron más de lo que esperaban. Los agentes no sólo eran compañeros de trabajo, sino también buenos amigos; tenían el mismo gusto por la música y la misma afición por los animales y la astronomía, lo que hacía que el hecho de hacer juntos el turno de noche fuera una explosión para ellos.

Había sido una noche floja, sin ninguna llamada a las 2 de la madrugada, así que los agentes decidieron ir en coche a un lugar remoto para observar las estrellas y la naturaleza. A esa hora de la noche no era raro ver animales como ciervos, zorros, erizos y otras criaturas normalmente tímidas con los humanos. Los agentes charlaban mientras compartían un termo de café e intentaban decidir dónde estaban Júpiter y Marte en el cielo nocturno cuando uno de ellos se percató de una luz parpadeante en la ventana de una de las granjas abandonadas cercanas. Era bastante habitual que los adolescentes deambularan por las granjas desoladas, así que los agentes no le dieron mucha importancia, pero sabían que tendrían que hacerles pasar por allí, sobre todo si tenían velas encendidas. Condujeron hasta una granja cercana, reduciendo la velocidad para que el ruido del motor no alertara a nadie de su llegada.

Al apagar el coche, pudieron ver la luz de las velas a

través de una de las ventanas rotas, así como escuchar un susurro bajo. Pensando que tenían a los chicos acorralados, los agentes salieron del coche y se acercaron a la ventana rota para asomarse. Extrañamente, en lugar de un grupo de adolescentes, los agentes no descubrieron ni un alma en la habitación, sino una única vela en el centro de esta, rodeada de periódicos y libros, todo ello dentro de un círculo de tiza dibujado en el suelo. Más allá de las preocupaciones visuales, los agentes también pudieron escuchar susurros de alguien en la casa. Decidieron trepar por la ventana rota para echar un vistazo, con la esperanza de encontrarse con quienquiera que estuviera allí.

La habitación estaba polvorienta por el largo abandono; sus pisadas se veían claramente en la gruesa capa de mugre del suelo. Las paredes estaban cubiertas de grafitis, las tablas del suelo estaban astilladas y el olor rancio y podrido del abandono persistía en todo el lugar. Por curiosidad, uno de los agentes recogió un periódico del suelo y comprobó que era de los años treinta, al igual que todos los demás. Los libros que había junto a los periódicos eran diarios, llenos de garabatos, con una letra asquerosa, sobre un hombre y el odio del autor hacia éste, incluyendo cómo el autor planeaba asesinar al hombre si no se le pasaba por la cabeza.

. . .

Sintiéndose incómodo con los textos, el agente llamó la atención de su compañera, pero ésta tuvo un inquietante descubrimiento propio. La agente se había fijado en el singular papel pintado, de líneas fluidas, que ambos agentes encontraron extrañamente hipnótico. Al acercarse a las paredes, la agente retrocedió bruscamente. Se dio cuenta de que el patrón no era un patrón en absoluto, sino una escritura garabateada. La frase "Sal de mi cabeza, Simon, nos mataré a los dos" estaba inscrita repetidamente a lo largo de las cuatro paredes de la habitación. Sintiéndose debidamente asustados y perturbados, y sin dejar de oír los susurros, se dieron cuenta de que habían tropezado con alguien potencialmente enfermo mental e increíblemente peligroso.

Uno de los agentes gritó una advertencia, su voz resonó en la gran y vieja granja. En cuanto gritó, se oyó un golpe repentino y una respiración entrecortada, como si alguien en la habitación de al lado se hubiera asustado por la voz del agente antes de que se oyera el martilleo de los pies corriendo, la respiración agitada y los cristales rotos.

Los agentes corrieron por la casa hacia el lugar de donde procedía el ruido y, desde la ventana, vieron una figura oscura que corría por la larga hierba del campo junto a la casa.

Saliendo por la ventana recién rota, persiguieron a la figura, iluminando con sus linternas la espalda del sospechoso para no perderlo. La figura les llevó a la hierba del campo, que les llegaba hasta la cintura, corriendo más rápido de lo que cualquiera de los dos agentes podía creer. De repente, la figura cayó al suelo y desapareció entre la hierba.

Pensando que la persona debía haber tropezado con un surco en el suelo o algo similar, los agentes corrieron hasta el último lugar en el que vieron a la figura, esperando encontrar a alguien en el suelo y listo para una posible pelea. En cambio, descubrieron que no había nadie. Había un claro rastro de hierba pisoteada de la figura hasta ese punto, un parche de hierba aplastada donde cayó, pero luego... nada; la hierba cerca del parche estaba intacta y los agentes habrían notado que el sospechoso retrocedía ya que estaban cerca de la figura cuando cayó.

Convencidos de que, de alguna manera, no habían visto al sospechoso escapar mientras se acercaban, los agentes llamaron a la unidad canina para que les ayudara a rastrear al sospechoso. Al principio todo fue bien, el perro captó un fuerte olor y les guio por el camino que había tomado el sospechoso, tirando de su arnés con avidez.

. . .

Cuando el perro llegó a la parcela aplanada por la que desapareció el sospechoso, en lugar de seguir el olor de la figura, se quedó sentado en el lugar gimiendo, incapaz de ir más allá. Ningún tipo de engatusamiento o persuasión consiguió que el perro se moviera, por lo que el agente canino decidió que el perro había asistido lo máximo posible.

Perturbados por su experiencia, los dos agentes originales decidieron volver a hacer un barrido de la casa, por si acaso. Al volver a entrar en la habitación a la que habían subido por primera vez, descubrieron algo que les produjo un escalofrío y les hizo abandonar la casa sin seguir investigando. Lo que encontraron fue que la vela, los periódicos y los libros habían desaparecido y, a pesar del polvo que cubría el suelo, sólo quedaban las huellas de los agentes en el suelo.

Los agentes, así como la unidad canina, llevaban un rato rondando por la casa mientras investigaban la vivienda y el campo, por lo que habría sido imposible que alguien no sólo volviera a la casa, sino que además recogiera todos esos objetos y desapareciera sin dejar rastro. Quizás el punto más espeluznante de todos fue el hecho de que la escritura en la pared seguía allí, pareciendo susurrarles su único mensaje, una y otra vez.

Los agentes salieron de la casa y nunca regresaron, declarando en su informe que perdieron al sospechoso en el campo sin más investigación. ¿Con qué tropezaron aquella noche? Nadie ha sido capaz de explicarlo. Poco después, unos pirómanos quemaron la granja y, sean cuales sean los secretos que guardaba, quedaron entre las cenizas.

13

Embrujados desde el Medievo

El castillo de Arundel es una estructura medieval bastante imponente, fundada en 1076. A lo largo de los años ha cambiado de manos muchas veces y ha sido testigo de muchas intrigas políticas.

Este magnífico castillo se ha mantenido a lo largo de los años y ofrece lo último en confort y comodidades modernas. Además, se supone que está embrujado por al menos cinco espíritus específicos y probablemente muchos más.

Uno de los espíritus que permanecen en el castillo de Arundel es el primer conde de Arundel, Early Roger de Montgomery, responsable de su construcción.

. . .

Sus apariciones parecen limitarse a vigilar su obra maestra desde la Torre del Castillo. Quienes lo han visto comentan la intensidad con la que observa lo que ocurre debajo de él.

Se cree que otro de los espíritus que rondan el castillo de Arundel no es humano. A menudo aparece como un gran pájaro blanco parecido a un búho; esta entidad paranormal revolotea en las ventanas, como si tratara de encontrar un lugar donde posarse y mirar dentro.

La leyenda dice que cada vez que ha aparecido, alguien que vive en el castillo o está estrechamente vinculado a él perece. La gente cree que este espíritu es una especie de presagio de la muerte. Algunos relacionan su presencia con uno de los duques del pasado que solía mantener una colonia de búhos americanos blancos en los terrenos del castillo.

Se dice que una joven llamada Emily acabó con su vida saltando desde la Torre de Hiorne tras el trágico final de una tumultuosa relación amorosa. Se enamoró de un obispo residente en el castillo y descubrió que estaba embarazada. Él la rechazó y renegó de su hijo.

. . .

El dolor de Emily fue tan grande que decidió acabar con todo, pero según los que han sido testigos de su fantasma parece que no terminó. Muchos visitantes y residentes han visto a una mujer joven vestida de blanco que se posa en el borde de la torre, como si estuviera a punto de saltar. Sus apariciones suelen producirse en las noches en las que la luna ilumina el campo, lo que hace que su aparición sea aún más sobrenatural.

Otros residentes y el personal del castillo han informado de la presencia de un ayudante de cocina fantasmal que empezó a aparecer hace unos 200 años. Se cree que es un chico joven y se le ha oído fregar enérgicamente ollas y sartenes o moverse por la cocina, pero nadie le ha visto nunca.

Se dice que este joven ayudante de cocina es el fantasma de un joven sirviente que murió a causa de los abusos y el mal trato que recibió durante su estancia en el castillo. Su supervisor, dice la historia, lo torturó y golpeó hasta que su pequeño cuerpo no pudo soportar más.

La biblioteca es el hogar de otro espíritu que habita tranquilamente en el castillo de Arundel.

. . .

Sus avistamientos se remontan a la década de 1630; su estilo de ropa sugiere que podría haber sido un caballero.

Sus apariciones se limitan a la biblioteca del castillo, lo que sugiere que podría haber sido un ratón de biblioteca tanto en vida como en muerte.

Se le suele ver vestido con prendas de seda azul muy finas (lo que hace que muchos se refieran a él como el Hombre Azul) y se le encuentra flotando entre los libros como si estuviera buscando uno nuevo para leer. También se le ha visto leyendo libros, pero nunca el mismo libro y sólo aparece durante unos minutos antes de desaparecer.

Otro fantasma del castillo de Arundel es un perrito negro que, al igual que el Hombre Azul, parece preferir también la biblioteca. Se cree que este pequeño es la mascota del decimotercer conde de Arundel, que fue condenado a muerte por negarse a renunciar al catolicismo romano.

Aunque fue condenado, nunca se ejecutó y pereció mientras estaba encarcelado en la Torre de Londres con su perrito negro a su lado. Este can, curiosamente, sólo ha sido visto por niños y nunca por un adulto.

Un lacayo en prácticas en el castillo en 1958 cruzaba la planta baja del castillo para apagar las luces del puente levadizo. Cuando empezó a cruzar el puente levadizo, algo le llamó la atención caminando hacia las dependencias de la servidumbre.

A primera vista parecía la cabeza y los hombros de un hombre de unos veinte años, pero al mirarlo más de cerca se dio cuenta de que lo que supuso que era una larga cabellera gris era en realidad la capucha de una túnica gris con mangas sueltas y fluidas, y todo lo que había por debajo de la cintura estaba borroso como una foto desenfocada.

Haciendo acopio de valor para enfrentarse a este intruso, el lacayo comenzó a caminar hacia el hombre con confianza y agresividad; sin embargo, cuanto más se acercaba el lacayo al hombre, más se desvanecía su figura hasta que finalmente desapareció por completo.

En el castillo de Arundel no faltan los fantasmas, desde el hombre que construyó el castillo por primera vez y que aún lo vigila, hasta un espíritu vestido con túnica que estuvo a punto de matar de un susto a un lacayo.

. . .

Este castillo es, sin duda, uno de los más activos desde el punto de vista paranormal en Inglaterra, pero, afortunadamente, la mayoría de los fantasmas parecen bastante amistosos, especialmente el ratón de biblioteca que nunca salió de ella.

Este impresionante y majestuoso castillo situado en las afueras de la pintoresca Salzburgo parece el escenario de un mágico cuento de hadas, pero las historias de magia asociadas a él no son de las que tienen un final feliz.

El castillo de Moosham tiene un aspecto particular que lo diferencia de la gran mayoría de los castillos del mundo: fue escenario de muchos juicios de brujas. Su historia, que afortunadamente no fue siempre tan sangrienta como la de los juicios a las brujas, se remonta al menos a 1191.

Se le ha dado el sobrenombre de "Castillo de las Brujas" no sólo por las muertes que allí se produjeron, sino también porque los espíritus de las brujas acusadas aún persisten en sus alrededores. Los lugareños y los visitantes han avistado sus espíritus en suficientes ocasiones como para sugerir que se trata efectivamente de las víctimas de la sangrienta caza de brujas.

Las mujeres fueron ejecutadas y sometidas a torturas y calvarios para demostrar que eran brujas. Muchas jóvenes confesaron ser brujas sólo para acabar con el dolor y la agonía. Hubo cientos, si no miles, de mujeres que murieron en los terrenos del castillo de Moosham, con edades comprendidas entre los 10 y los 80 años, y muchas menores de 21. La mayoría eran mendigas sin nadie que las protegiera o se preocupara por lo que les sucediera. Los niños y los jóvenes no estaban exentos de los juicios por brujería, que se cobraron tantas vidas inocentes en tan poco tiempo.

Las personalidades de los fantasmas son tan variadas como las de los acusados que encontraron la muerte. Un fantasma en particular sigue siendo hostil y vengativo, burlándose bruscamente de los visitantes del castillo y esforzándose por incomodarlos. Otros son más discretos, respiran sobre los visitantes, emiten sonidos inquietantes y los tocan ligeramente. Algunos fantasmas disfrutan dando portazos, golpeando las paredes o confundiendo a la gente con el sonido de pasos que no tienen pies visibles que los acompañen.

Los avistamientos también son frecuentes, muchos de ellos en forma de nieblas blancas y brillantes que flotan de forma sensible y luego se disipan de repente.

En una sala en particular, conocida como la Sala de Toni, una presencia oscura ha permanecido durante cientos de años. Esta presencia no es uno de los fantasmas de las brujas, sino que se cree que es el hombre encargado del juicio por ordalía y las torturas de las jóvenes acusadas. Se le conoce como Henchman Toni y en un tiempo este poderoso hombre sirvió como ujier del tribunal.

La sala que frecuenta era su cuartel y su presencia amenazante es suficiente para que muchos visitantes se alejen de ella. La leyenda cuenta que hizo un pacto con el Diablo y que cuando murió éste llegó a las puertas del castillo para reclamar su alma.

La cámara de tortura, donde tuvo lugar este abominable abuso, es otro lugar de manifestaciones paranormales.

Algunos han sentido que unas manos invisibles les tocan las piernas, como si las jóvenes siguieran allí encadenadas y pidieran ayuda a los visitantes. A otras les han acariciado el pelo o les han tirado de él, tal vez porque los espíritus de los torturadores las han confundido con nuevas víctimas. Muchos han informado de la sensación de que alguien está tan cerca que puede sentir su aliento caliente en su mejilla o cuello.

Independientemente del origen de estas manifestaciones, quienes las experimentan las encuentran bastante perturbadoras.

La sala de espera frente a la cámara también es bastante inquietante, y parece estar llena de una presencia ominosa y aterradora. Incluso se han movido piezas de mobiliario sin que hubiera manos humanas implicadas; los objetos se encontraban en lugares extraños sin que hubiera nadie vivo que fuera responsable.

Otra historia escalofriante asociada al castillo de Moosham es la de dos hermanos cuyo odio mutuo era tan grande que se mataron el uno al otro en una pelea. Fueron enterrados en los terrenos del castillo y muchos esperaban que finalmente encontraran la paz al morir.

Sin embargo, se dice que su odio era tan poderoso que se extendía más allá de la tumba. Algunos testigos afirman que sus fantasmas salen de las tumbas y siguen luchando hasta el amanecer.

Este castillo de cuento de hadas tiene una historia oscura y manchada de derramamiento de sangre inocente.

Los espíritus de las víctimas y de los autores parecen haber permanecido entre los muros, negándose a descansar. No se asuste si le tocan, respiran o escuchan ruidos extraños y tenga en cuenta que los rumores dicen que la zona boscosa que rodea el castillo fue en su día el hogar de un clan de hombres lobo. Es posible que no quieras visitarlo cuando haya luna llena.

Este majestuoso castillo gótico se alza orgulloso y poderoso en la República Checa. No cabe duda de que funcionó bien para rechazar a los que penetraban en sus muros, pero según la leyenda, el castillo puede haber sido construido para mantener algo dentro en lugar de para mantener a otros fuera.

Al parecer, este castillo de principios del siglo XIII se construyó alrededor de un cráter, aunque en años posteriores se remodeló para convertirlo en un castillo de estilo renacentista. Sin embargo, la remodelación no mejoró su reputación de amenaza.

. . .

Hay muchos lugares en el mundo con fama de ser una puerta al infierno, pero no se oye hablar de muchos castillos construidos para proteger dicha puerta de miradas indiscretas y curiosos.

Hace muchos años, se informó de que extrañas criaturas con enormes alas parecidas a las de los murciélagos salían del cráter con paredes de piedra caliza una vez que se ponía el sol para aterrorizar al campo. Se creía que estas horribles criaturas eran demonios que salían de las profundidades del infierno o el engendro mitad humano y mitad demonio de uniones indescriptibles.

Los aldeanos, aterrorizados, se negaban a salir de noche y nadie se acercaba al cráter ni siquiera a plena luz del día. Al principio, el ganado local era asesinado y mutilado. Luego se difundieron informes de que estos seres arrastraban a la gente al cráter y que nunca más se les volvería a ver. Los intentos de llenar el agujero fueron infructuosos, ya que carecía de fondo, o de un hambre insaciable.

Un equipo de constructores inusualmente valiente que intentaba proteger a los inocentes aldeanos y campesinos del campo se esforzó por tapar el cráter del que procedían los demonios. La leyenda local afirma que, antes de sellar el portal, se concedió a los prisioneros de las comunidades cercanas la oportunidad de ser perdonados de sus crímenes si se bajaban al cráter e informaban de sus hallazgos.

Un prisionero aceptó hacerlo. Cuando empezaron a bajarlo, una brisa fría llegó desde algún lugar de las profundidades. En el momento en que la luz del sol de arriba empezó a desvanecerse en la oscuridad de la fosa, se desató el infierno. Apenas pudo distinguir algo que volaba desde abajo, y gritó desesperado para que lo subieran. Su mente estaba paralizada por el terror, lo que le hizo perder el conocimiento antes de que sintiera un tirón en la cuerda y fuera elevado a la superficie. Al parecer, sintió algo tan maligno y oscuro que no pudo describírselo a nadie, ni siquiera al párroco.

Cuando recuperó la conciencia, seguía gritando hasta que se le fue la voz por completo. Por la mirada de los que le rodeaban, supo que algo iba mal. Descubrió que había envejecido 30 años en cuestión de segundos y que su pelo, antes negro azabache y brillante, era tan blanco como la nieve recién caída y se mantuvo así durante el resto de su vida. Además, su rostro, antes bastante liso, estaba surcado por profundas arrugas.

· · ·

Inmediatamente después fue ingresado en un manicomio y falleció por el shock pocos días después.

Se dice que los demonios siguen presentes, pero atrapados en las paredes de los niveles inferiores del castillo. Las pruebas sugieren que el castillo de Houska no se construyó para proporcionar refugio o espacio vital, ya que carece de cocina, una necesidad para mantener incluso al grupo más pequeño de habitantes. Lo que es aún más desconcertante es que no tiene fortificaciones para protegerlo de los invasores, lo que sugiere que se construyó para mantener algo dentro.

Las ventanas en las paredes eran sólo para la apariencia, ya que los planos de cristal tenían paredes directamente detrás de ellos. El castillo no dispone de fuentes de agua, que habrían sido necesarias para que alguien viviera allí. Tampoco se construyó cerca de ninguna ruta comercial, lo que aumenta el misterio del castillo de Houska.

Dentro del castillo hay una capilla, supuestamente construida sobre la boca del infierno con un grueso suelo de piedra. Las paredes de la capilla estaban siempre húmedas, incluso durante la más larga sequía.

En las paredes hay frescos que cuentan una historia aterradora. Se cree que son algunos de los frescos más antiguos de Europa y muestran extrañas criaturas que no se encuentran en las típicas obras de arte cristianas.

Otros frescos representan la derrota de dragones.

¿Podrían representar las criaturas selladas bajo el suelo de la capilla?

Testigos y visitantes han oído un sonido procedente del antiguo y pesado suelo de la capilla que sólo puede describirse como un coro de gritos inhumanos. Además, se han oído voces que hablan o gritan en un idioma indescriptible, pero nunca se conoce la fuente. Otros han visto una criatura en la capilla que describen como parte de bulldog, parte de rana y parte de humano.

Esta reputación infernal se vio reforzada cuando se descubrió que las SS nazis habían ocupado el castillo, utilizándolo como lugar de actividades ocultas, experimentos con portales extradimensionales e intentos de construir armamento sobrenatural. Se dice que las historias que rodean al castillo de Houska fueron las que atrajeron la atención de Hitler en primer lugar.

Tras la ocupación del castillo por parte de los nazis, los lugareños encontraron esqueletos monstruos de bestias que no eran ni totalmente humanas ni totalmente animales. Se desconoce si estas criaturas fueron conjuradas por los experimentos ocultistas nazis o si se remontan a tiempos más lejanos. Sin embargo, la mera existencia de estas criaturas es bastante inquietante, especialmente cuando se combina con los restos de soldados alemanes ejecutados que se encontraron enterrados en el patio interior.

Todos los registros y señales de su actividad allí desde 1939 hasta 1945 fueron destruidos, por lo que no se sabe exactamente qué hacían.

Además de los experimentos con la física y lo sobrenatural, algunos creen que el castillo de Houska se utilizaba como lugar para criar arios puros para la raza superior.

Se cree que los nazis también utilizaban la capilla como lugar principal para sus actividades ocultas. Sea cual sea el uso que se le haya dado, las tropas aliadas tuvieron que limpiar los alrededores de minas terrestres antes de entrar, un fuerte indicio de un propósito importante. Hoy en día, no se permite ninguna excavación en el castillo de Houska ni en sus alrededores por temor a encontrar explosivos nazis ocultos.

Incluso antes de que los nazis tomaran posesión del castillo Houska para sus actividades ocultas, un mago negro y mercenario sueco llamado Oronto se instaló en este castillo y montó un laboratorio en 1639. Lo que hacía entre sus muros era tan maligno y perturbador que los campesinos locales se encargaron de asesinarlo para poner fin a su trabajo.

La mayoría de los visitantes del castillo describen la sensación de ser observados por algo muy maligno. Esta sensación es tan fuerte que muchos visitantes se quedan poco tiempo antes de que el miedo y la aprensión les hagan marcharse. Los perros se comportan de forma extraña y se asustan si se les lleva al interior de los muros del castillo, aunque sus dueños no ven ni oyen nada. Incluso los animales salvajes tienden a alejarse de la zona próxima al castillo, como si presintieran algún peligro grave.

. . .

A menudo se encuentran pájaros muertos en su patio por causas desconocidas.

Algunos visitantes han informado de una escena escalofriante que dura varios minutos.

Se ha visto una fila de personas encadenadas, cada una con algún tipo de lesión horrible y grotesca, caminando hacia el castillo, empujadas por un gran perro negro que se deleita mordiéndolas o atacándolas directamente mientras se acercan lentamente a los muros del castillo.

Como ya se ha mencionado, se cree que hay criaturas demoníacas atrapadas en las paredes de los pisos inferiores. Por la noche, los valientes que se encuentran en el castillo o cerca de él dicen oír el sonido de garras que rasgan, arañan y golpean las paredes. Otros han sido testigos de apariciones de cuerpo entero que deambulan por los pasillos del castillo de Houska por la noche, tal vez restos de la actividad nazi que tuvo lugar en los terrenos. Los cuidadores del castillo han informado de que han visto el fantasma de un hombre sin cabeza dando tumbos por el patio mientras le brota sangre del cuello.

. . .

Una pareja de huéspedes que exploraba la zona conocida como el Pabellón de Caza escuchó un fuerte golpe en el suelo. La dama del grupo se volvió instintivamente para mirar el origen del sonido; vio dos figuras de sombra que se acercaban a ella desde la escalera. Su forma general era humana, pero cuando ella miró sus rostros estaban completamente ausentes de rasgos.

El terror se apoderó de ella y fue incapaz de moverse, y mucho menos de advertir a su compañero. Estas personas de las sombras se acercaron a ella y le susurraron al oído que iban a matar a unas jóvenes y luego desaparecieron de su vista. Ni que decir tiene que abandonó la zona inmediatamente, para no volver nunca más.

Las criaturas aladas tampoco han desaparecido del todo. Ya en el siglo XIX se informó de criaturas negras que volaban por el patio interior, posiblemente atrapadas por algún sigilo invisible que no les permitía escapar más allá del castillo.

Hay un fantasma bastante normal (y sí, existen los fantasmas normales) que ha decidido hacer del castillo de Houska su residencia en el más allá. Se la ha visto asomarse a una ventana del piso superior (el castillo modernizado tiene ventanas de verdad), vestida con un vaporoso vestido blanco, mientras que otros la han visto deambular por los pasillos.

Nadie ha especulado sobre quién es o por qué está allí, pero muchos la han visto.

Sin duda, el sótano de un castillo de estas características estaría bastante embrujado, y el de Houska no es una excepción, sobre todo al ser apodado el despacho de Satán, ya que la atmósfera está supuestamente impregnada de maldad y oscuridad. Algunos afirman que se puede encontrar un trono de aspecto peculiar con un tridente. Los visitantes y el personal que se aventuran valientemente (o temerariamente) en el sótano han descrito la aparición de un sacerdote vestido completamente de negro y sin rasgos faciales perceptibles. Se le suele ver sentado en la silla, como si estuviera sentado en su legítimo trono. Para sorpresa de los espectadores, se levanta y comienza a subir los escalones del sótano y luego desaparece.

Si tienes la oportunidad de visitar el castillo de Houska, no hagas nada que libere lo que pueda contener... a menos que quieras acabar como el prisionero que bajaron al portal: loco y luego muerto. Hay mucho que ver, sentir y experimentar en el castillo sin despertar a ninguna criatura mitad humana y mitad demonio en este escalofriante castillo.

14

Dos misterios policíacos

La policía recibió una llamada por una denuncia de violencia doméstica en una zona pobre del centro de Estados Unidos, conocida por su alto nivel de delincuencia, prostitución, tráfico de personas y violencia relacionada con las drogas. Los vecinos de un complejo residencial llamaron inicialmente por teléfono al oír gritos y golpes.

La policía llegó al lugar de los hechos y encontró a siete personas, en su mayoría familias que vivían en el complejo, en el césped rezando en silencio. Los agentes oyeron que las personas murmuraban en voz baja, como si no quisieran molestar a nadie.

. . .

Cuando los agentes les preguntaron qué hacían, uno respondió: "Rezar por nuestras almas". Esto inquietó a los agentes y marcó inmediatamente la pauta de lo que iba a suceder a continuación. Al entrar en el apartamento, les indicaron que fueran a una habitación donde un miembro de la familia estaba aparentemente "poseído".

Escépticos, y pensando que probablemente se trataba de un incidente relacionado con las drogas, fueron a evaluar la situación. Al llegar a la puerta, se dieron cuenta de que había múltiples voces en la habitación, aunque se les informó de que sólo había un hombre, que gritaba en idiomas que ninguno de los agentes reconocía.

Al intuir que la situación se salía de su ámbito de actuación, el agente principal pidió refuerzos y personal de urgencias por un incidente psicológico potencialmente grave. Mientras esperaban a que llegaran los refuerzos, los agentes interrogaron a la familia sobre el hombre. Al parecer, llevaba semanas actuando de forma extraña: se ponía ansioso y agitado por cosas minúsculas y cada vez estaba más demacrado y pálido, como si estuviera enfermo. Una media hora antes de que llegara la policía, empezó a gritar que se iba a comer a su familia y que sería arrastrado al infierno porque había roto "el acuerdo".

A continuación, empezó a suplicar a la Virgen María que le salvara y luego comenzó a echar espuma por la boca y a quemarse con velas sagradas. La familia consiguió detenerlo y trasladarlo a otra habitación, pero se había vuelto más violento hasta el punto de no poder controlarlo. Un miembro de la familia dijo que se habían dado por vencidos cuando trepó por las paredes hasta el techo. Mientras la familia contaba la historia, el hombre seguía gritando de forma tan desgarradora en idiomas desconocidos que las paredes temblaban. Todos los agentes implicados en el incidente tenían una gran experiencia y eran miembros del cuerpo desde hacía mucho tiempo, pero muchos de ellos empezaban a perder el control. Uno de los agentes llegó a pasarse un rosario por los dedos para consolarse, mientras el resto se las ingeniaba para contener sus temores.

Cuando llegaron los paramédicos y los refuerzos, subieron con los agentes a la habitación del hombre. Intentaron abrir la puerta, pero el hombre se encerró dentro, lo que obligó a los agentes a derribar la puerta. Descubrieron una habitación completamente revuelta, con casi todo volcado y cubierta de espuma ensangrentada por la boca del hombre. Había una lámpara de escritorio todavía encendida y funcionando, que proyectaba sombras de formas extrañas que parecían transformarse al ser observadas.

Cuando los agentes se aseguraron de que no había nadie más en la habitación, los paramédicos entraron para intentar calmar al hombre. Estaba acurrucado en un rincón de la habitación, encorvado como un animal sobre una presa fresca; divagaba en voz baja con una figura invisible. Uno de los médicos dijo su nombre y su cabeza se levantó, pero de la forma en que lo hace un perro, sólo un movimiento de la cabeza y el cuello, sin ser consciente de sus momentos.

Un par de agentes pusieron las manos en sus armas en ese momento, reacciones naturales al percibir una amenaza inminente. Perturbado por esto, pero tratando de mantener la calma, el médico le preguntó al hombre cómo se sentía. El hombre sonrió y dijo en español: "Ni el mismo Dios te reconocerá cuando acabe contigo".

En ese momento, los agentes y los médicos llegaron a un acuerdo unánime para detener al hombre rápidamente.

Pero mientras discutían la situación, el hombre se levantó respirando con dificultad. Por las marcas de arañazos en su cuerpo estaba claro que se había estado arañando a sí mismo y su pecho estaba cubierto de espuma ensangrentada por la boca.

Sonriendo de nuevo, miró el rosario que el oficial llevaba colgado en el pecho. "Esa baratija no te salvará", dijo, mientras corría hacia ellos.

A pesar de ser un solo hombre contra otras seis personas, tenían una gran pelea entre manos. El primer agente al que llegó el hombre lo derribó al suelo, mientras los demás se lanzaban para amontonarse encima y detenerlo sólo por su peso.

El hombre luchó salvajemente, arañando, golpeando y luchando como un animal acorralado, gritándoles todo el tiempo. Finalmente, consiguieron reducirlo lo suficiente como para que uno de los médicos preparara una jeringa para sedarlo. Mientras el médico hacía esto, el oficial principal, que sostenía los brazos del hombre sobre su cabeza, hizo contacto visual con el hombre. El agente comenzó a gritar de horror y soltó los brazos, alejándose del hombre como si fuera algo realmente perturbador.

En respuesta, el hombre dejó de forcejear, soltó una profunda carcajada que hizo que todos los presentes se estremecieran y le dijo al oficial: "Mira bien para que no te olvides".

El médico consiguió preparar la jeringuilla y sedó al hombre lo suficiente como para que los demás lo colocaran en una camilla trasera y lo ataran antes de llevarlo a la ambulancia. El agente que entró en contacto con el hombre estaba blanco como una sábana y se negó a subir a la ambulancia, optando por seguirle en un coche patrulla.

Otro agente viajó en la ambulancia con los médicos y, según cuenta, no quitó la mano de su arma en todo el trayecto. Cuando llegaron al hospital, el agente que hizo contacto visual se dirigió a la capilla para rezar. Más tarde, cuando uno de sus compañeros le preguntó sobre lo que había visto, dijo: "Sus ojos no eran humanos. Sé lo que vi. Nunca había visto a nadie con unos ojos así; era como mirar a los ojos del diablo".

La otra historia se mueve hacia otro sentido, pero sigue guardando el mismo misterio. El código 5150 es lo que la policía de California utiliza para identificar una llamada relacionada con problemas psiquiátricos que posiblemente necesiten hospitalización, aunque a veces pueden ser mucho más inquietantes y, en ocasiones, es simplemente algo que nadie puede explicar. Un oficial estaba respondiendo a una llamada 5150 en una residencia en las afueras de una ciudad.

Los detalles de la llamada eran imprecisos y el operador dijo que una mujer pensaba que su hijo podría estar sufriendo algún tipo de brote psicótico inducido por las drogas. El agente llegó a una típica casa de los suburbios en medio de un barrio degradado, aunque no problemático. El agente se puso en guardia, ya que este tipo de llamadas pueden significar un verdadero peligro. Al acercarse a la casa, fue recibido por una mujer de unos cincuenta años, aterrada, que le dijo que a su hijo de veinte años le pasaba algo. Al pedirle más detalles, le dijo que había tomado algún tipo de droga y que se negaba a entrar en su habitación porque "un viejo está colgado allí". Ella había intentado que le explicara, pero eso era todo lo que decía, una y otra vez.

Estaba demasiado asustada para entrar a ver cómo estaba porque su hijo solía traer a sus amigos drogadictos y la asustaban. Ya había tenido que lidiar con su hijo en estados similares, drogado con todo tipo de cosas, y sabía que él no siempre sabía dónde, o incluso quién, estaba.

. . .

A pesar de ello, el amor que sentía por su hijo le hizo querer asegurarse de que no ocurría algo más grave y le rogó al agente que la ayudara.

Sintiendo pena por la pobre mujer, pero pensando que el caso parecía bastante abierto y cerrado, decidió ir a hablar con el hijo para ver qué pasaba. El joven estaba claramente drogado con algún tipo de estimulante: sus pupilas estaban dilatadas, su respiración era rápida y sudaba profusamente. El agente tardó varios intentos en conseguir que respondiera a sus preguntas, ya que el hijo seguía mirando a través de él, en lugar de a él, como si viera algo más donde estaba el agente.

Cuando por fin consiguió una respuesta, el joven dijo distendidamente que un espíritu le había dicho que su padre, vestido con su uniforme militar, se había ahorcado en la habitación. Escéptico, pero también inquieto por la certeza del hijo al describir al espíritu, el oficial decidió pedir ayuda por radio. Si realmente se trataba de un suicidio, no quería enfrentarse a él solo. Volvió a interrogar al hijo para ver si no se trataba de un viaje de drogas que iba mal, pero de nuevo la historia salió igual y no debía entrar en la habitación ya que molestaría a su abuelo si lo perturbaban.

. . .

A continuación, el agente describió que había oído un extraño golpe en la habitación contigua, lo suficientemente fuerte como para que se le pusiera la piel de gallina.

Su radio anunció que los refuerzos estaban en camino, pero que tardarían otros cinco minutos en llegar.

Queriendo ocuparse rápidamente del sonido, el agente, a pesar de las protestas del joven, empujó la puerta de la habitación para abrirla, pero no encontró nada; ni un cuerpo, ni un cadáver, ni un anciano... nada, excepto la habitación de un joven de veinte años con pósters de bandas, una cama sin hacer y un cenicero lleno de algo más que colillas.

Sacudiendo la cabeza ante el joven, el oficial se dirigió de nuevo a la planta baja para decirle a la madre del joven lo que pensaba de la situación, pero justo cuando estaba en medio de la descripción de la situación y diciéndole que no había nada de qué preocuparse, llegó un oficial superior, interrumpiéndolo. El otro oficial lo apartó a un lado, gravemente serio.

Al preguntarle qué ocurría, el oficial superior le dijo, en voz baja, que cuando era nuevo en el cuerpo había tenido que investigar el suicidio de un hombre mayor que se había ahorcado en la misma habitación que ocupaba el hijo.

Sintiendo que un escalofrío volvía a subirle por la espalda, el agente se río pensando que se trataba de algún tipo de broma. Era nuevo en el cuerpo y sabía que a los mayores les gustaba jugar con los novatos.

El oficial más veterano le dijo que no estaba bromeando y que podía buscarlo por sí mismo. Ambos le explicaron a la madre que no había nada malo, salvo las mencionadas drogas que había tomado su hijo, y los agentes se marcharon, sin que pudieran hacer nada más.

Sin embargo, la historia del ahorcado le sentó bien al agente más joven y, un par de días después, entró en los archivos del caso para investigarlo. Después de buscar un poco, encontró lo que buscaba: unos años antes, hubo un suicidio de un anciano veterano de la Segunda Guerra Mundial en esa dirección. Antes de suicidarse, se vistió con su uniforme militar para hacerlo. Su hija lo encontró más tarde y nunca volvió a ser la misma desde entonces.

. . .

También se suicidó unos años después en la misma casa.

15

Casi diseñado para el horro

OTRO CASTILLO encantado situado en Inglaterra es el de Chillingham. En lo que respecta a los castillos, parece haber sido diseñado por la practicidad más que por la belleza, con un exterior bastante sencillo y una forma rectangular, lo que posiblemente se deba al hecho de que fue construido originalmente como monasterio en el siglo XII. Este castillo de 800 años de antigüedad ha visto su cuota de drama, derramamiento de sangre y felicidad, y sus habitantes fantasmales son bastante activos.

Uno de los espíritus residentes es conocido como "El Chico Azul" o "Chico Radiante" y, como su nombre indica, aparece en relación con el color azul, normalmente como una luz o un halo azules.

· · ·

Durante las renovaciones realizadas hace muchos años, se encontró una oquedad secreta detrás de uno de los muros de 3 metros de grosor del castillo; los obreros hallaron dos restos, uno de ellos perteneciente a un muchacho joven con unos cuantos retazos de ropa azul envejecida y hecha jirones.

Cuando se examinó el esqueleto más de cerca, se encontraron graves daños en el hueso que comprometían las puntas de los dedos, lo que sugería que había sido introducido vivo tras el muro y que se había desgarrado los huesos de las manos al luchar por liberarse. Sus restos fueron enterrados adecuadamente y la leyenda dice que las apariciones del Niño Azul cesaron por completo tras el hallazgo de sus restos. Sin embargo, después de que la gente empezara a utilizar la sala, volvió a aparecer.

Los visitantes oyen primero el sonido de un lamento fuerte, lastimero y lleno de dolor, seguido de un halo de luz azul brillante que flota sobre la cama o, en raras ocasiones, la aparición completa de un joven vestido con ropa azul pálida. A veces hay un destello de luz azul como una chispa eléctrica, pero no existe ningún cableado donde se vea esta chispa. Este fenómeno sólo se produce a medianoche y los gritos parecen provenir de la pared donde se encontraron sus restos.

Cerca de la cocina hay una despensa interior en la que se guardó la platería durante cientos de años. Esta plata era bastante valiosa, por lo que siempre se designaba a un lacayo para custodiarla, incluso durmiendo junto a la despensa por la noche. Una noche, un lacayo se estaba acostando para dormir cuando se le acercó una mujer vestida de blanco.

Se asustó bastante, ya que no había ninguna razón para que ella estuviera en la zona del castillo por la noche. Se dio cuenta de que estaba pálida hasta el punto de que casi parecía sobrenatural. Empezó a pedirle un poco de agua.

Suponiendo que era una invitada perdida del castillo, estaba a punto de procurarse un poco de agua cuando se dio cuenta de que estaba encerrado, por lo tanto, nadie podía haber entrado.

De repente, la mujer desapareció de la vista. Algunos dicen que su ansia de agua y su aspecto pálido sugieren que fue envenenada en vida. Nunca se ha descubierto su verdadera identidad, pero sigue apareciendo cerca de la despensa interior.

. . .

Una cámara de tortura y una mazmorra se añadieron al monasterio después de que se convirtiera en el castillo de Chillingham. Allí, muchos hombres, mujeres y niños escoceses fueron torturados de las formas más brutales y depravadas. Gran parte del equipo de tortura aún reside en el castillo como prueba de los horribles actos cometidos entre sus muros. Ni que decir tiene que la cámara de tortura está encantada.

En una ocasión, durante una visita fantasma, ocurrió algo inesperado. Una de las herramientas originales del castillo, una gran rueda de tortura, estaba a un lado de la sala con un maniquí sobre ella para mostrar cómo se utilizaba. Cuando el reloj marcó las 2 de la madrugada, la rueda de pinchos empezó a rodar hacia la cámara tan recta y firme como si un par de manos invisibles la guiaran. En el momento en que dejó de rodar, uno de los perros guardianes del castillo reaccionó; se le erizó el pelo de la espalda, sus labios se echaron hacia atrás dejando al descubierto sus dientes, y gruñó ferozmente... a nada.

La Sala de Eduardo, más conocida como la Sala de la Muerte, es una cámara en la que los niños veían morir a sus padres a manos de un verdugo antes de encontrar su propio y trágico final no mucho después.

• • •

Esta sala no es nada popular entre los visitantes debido a la abrumadora tristeza y desesperación que la impregna junto con el hedor cobrizo de la sangre humana que muchos visitantes huelen al entrar.

Hay una capilla junto al Gran Salón del Castillo de Chillingham en la que muchos visitantes han oído hablar a dos hombres, aunque sus palabras no eran lo suficientemente claras como para entenderlas. En cuanto se intenta localizarlos, es como si supieran que han sido descubiertos y desaparecen. Aunque se les ha oído muchas veces, nadie ha sido capaz de rastrear su ubicación.

Otro habitante fantasmal de la capilla es una niña a la que se ha llamado Eleanor. Es conocida por su capacidad de mover las luces a petición del personal del castillo moderno.

Algunos de los fantasmas nunca revelan su presencia visualmente, pero la gente sabe que están ahí de todos modos. Puede tratarse de su poderosa presencia llenando repentinamente una habitación, de una atmósfera opresiva que casi te obliga a salir, de un susurro al oído o de un escalofrío que te invade por un momento fugaz.

. . .

Puedes sentir la sensación de la mano de alguien en tu brazo, como si intentara llevarte a algún sitio o dirigir tus pasos. Puede que te tiren del pelo, que te arañen los brazos o, peor aún, que te muerdan unos dientes poderosos pero invisibles.

Algunos dicen que las losas desgastadas del patio y las murallas que proyectan sombras son especialmente espeluznantes por la noche. Algunos visitantes han insistido en que han visto a las sombras moverse y cambiar de forma por sí mismas, como si estuvieran vivas e interactuaran en su propio mundo.

Una de las residentes más modernas del castillo, Lady Tankerville, de los años 20, ha tenido varios encuentros paranormales entre los muros del castillo. En una ocasión, sintió de repente una sensación de peligro inminente al ver ante ella a un hombre vestido como el rey Enrique VIII que se paseaba de un lado a otro de la habitación, así como a una abadesa que estaba cerca. Se dirigió a ellos y les preguntó si podía hacer algo por ellos.

. . .

Lady Mary Berkeley sigue deambulando por los pasillos del castillo, aparentemente en busca de su marido mujeriego que huyó con su hermana, Lady Henrietta.

La historia de Lady Berkeley es realmente trágica. Su marido la dejó sola en el castillo con su bebé recién nacido mientras se marchaba con Lady Henrietta.

Muchos han oído el crujido de su largo vestido mientras buscaba en los pasillos. Se dice que a menudo deja a su paso una brisa fría que hiela los huesos.

Un guía turístico pasó un tiempo alrededor de los Árboles Colgantes (utilizados para algunos métodos de ahorcamiento particularmente brutales) muy tarde en la noche.

Dijo que, mientras estaba allí, algo lo agarró, lo levantó en el aire y luego lo arrojó de espaldas al duro suelo. Al parecer, la experiencia le dejó petrificado, pero no se dejó amilanar.

Son muchos los que afirman que el castillo de Chillingham es el lugar más embrujado de Inglaterra, pero, como ocurre con cualquier cosa, eso se puede debatir. Cabe destacar que el actual propietario no ha informado de que haya visto ningún fantasma, pero hizo que un sacerdote exorcizara el lugar antes de mudarse.

Sin embargo, el sacerdote afirmó no haber tenido éxito a la hora de desalojar a los residentes fantasmales, que, según dijo, eran demasiado numerosos y poderosos como para poder expulsarlos. Años más tarde, el sacerdote regresó e informó de que los fantasmas estaban realmente satisfechos con el nuevo propietario, lo que puede explicar su distancia.

Conclusión

Las historias de fantasmas han estado presentes en nuestra cultura, de una forma u otra, durante siglos. Las historias de lo sobrenatural, lo extraño y lo maravilloso son increíblemente comunes, pero frecuentemente nos resulta difícil creer que realmente hayan sucedido. A menudo, los narradores no son las personas más creíbles y es muy probable que muchas de las historias sean simplemente un caso de situaciones mal interpretadas y de imaginación desmedida. Pero, ¿qué ocurre cuando, por ejemplo, un agente de policía experimenta algo fuera de lo normal? ¿Cómo reaccionarías al encontrarte con el fantasma del rey Enrique VII al ir de turista? ¿Cómo reaccionan estos agentes, altamente entrenados y experimentados en muchos de los peores aspectos de la vida, cuando se enfrentan a lo desconocido? ¿Qué pasa con esa aparición en la galería de ese viejo castillo?

Pues ese fue el objetivo de este libro. En esta colección de relatos sobrenaturales extraídos de los archivos de agentes de policía de todo el mundo, de historias de turistas, de libros de textos de historia y de seguro te preguntarás si la policía, un guardia o un turista se encuentra con cosas que no puede explicar, ¿hay realmente algo ahí fuera? Eso únicamente te queda a ti por decidir..

Bibliografía

- Adshead, David. *Hardwick Hall: A Great Old Castle of Romance*. Inglaterra: Paul Mellon Centre: 2016
- Jones, Stephen. *The Art of Pulp Horror: An Illustrated History*. Estados Unidos: Applause Books. 2020.
- Lovecraft, H.P. *The Annotated Supernatural Horror in Literature: Revised and Enlarged*. Estados Unidos: Hippocampus Press. 2012.
- Petrov, Julia. *Fashioning Horror: Dressing to Kill on Screen and in Literature*. Estados Unidos: Bloomsbury Visual Arts. 2019.
- Russell, Ray. *Haunted Castles: The Complete Gothic Stories*. Estados Unidos: Penguin Group. 2016
- Tyrrell, Jeremy. *Hampton Court Ghost*. Estados Unidos: lulu.com. 2016

www.ingramcontent.com/pod-product-compliance
Lightning Source LLC
LaVergne TN
LVHW011707060526
838200LV00051B/2796